Ao Victor Salles Freire

Com toda a admiração intelectual

homenagem

do

A ARTE DO RETRATO EM MARCEL PROUST

Antologia

A ARTE DO RETRATO EM MARCEL PROUST

Antologia

Organização e apresentação de
Alberto Xavier

GRYPHUS

Coordenação Editorial
Gisela Zincone

Editoração eletrônica
Rejane Megale Figueiredo

Tradução
Isabel Maria Simões dos Santos (†)

Revisão da Tradução
Adalgisa Campos da Silva

Capa
Studioormus.com

Ilustração de Capa
Retrato de Marcel Proust por Horst Janssen (coleção privada)
© Giraudon Bridgeman/ADAGP

CIP-Brasil. Catalogação-na-fonte.
Sindicato Nacional dos Editores de Livros, RJ.

A825

A arte do retrato em Marcel Proust: antologia/organização e apresentação de Alberto Xavier; [tradução Isabel Maria Simões dos Santos]. – Rio de Janeiro: Gryphus, 2008.

ISBN 978-85-60610-16-7

1. Proust, Marcel, 1871-1922. A la recherche du temps perdu. 2. Proust, Marcel, 1871-1922 – Crítica e interpretação. 3. Literatura francesa – História e crítica. I. Xavier, Alberto, 1942-.

08-4237. CDD: 840
CDU: 821.133.1

30.09.08 03.10.08 008986 7

GRYPHUS
www.gryphus.com.br – *e-mail:* gryphus@gryphus.com.br
Av. Erasmo Braga, 299, 7º andar. 20020-000
Rio de Janeiro – RJ – Tel.: (0XX21) 2533-2508 – Fax: (0XX21) 3380-6667

SUMÁRIO

V. GUERMANTES

VI. O FAUBOURG SAINT-GERMAIN

VII. SODOMA

VIII. GOMORRA

CITAÇÕES E ABREVIATURAS

As citações em nota de rodapé referem-se a "A la recherche du temps perdu", na coleção "Bibliothèque de la Pléiade", edições Gallimard, Paris, publicada em 4 volumes, em 1987, sob a direção de Jean-Yves Tadié.

CCS . . . . *Du côté de chez Swann*
JFF. . . . . *A l'ombre des jeunes filles en fleurs*
CG . . . . *Du côté de Guermantes*
SG . . . . *Sodome et Ghomorre*
P. *La prisonnière*
AD. . . . . *Albertine disparue*
TR . . . . *Le temps retrouvé*

APRESENTAÇÃO

A ARTE DO RETRATO EM MARCEL PROUST

Alberto Xavier

O presente livro reúne uma seleção de fragmentos de "A la recherche du temps perdu", nos quais Marcel Proust descreve o aspecto físico dos personagens do seu romance, descrição essa por vezes quase imperceptível para o leitor, de tal modo absorvida pela grandiosidade e complexidade da sua arquitetura psicológica.

Trata-se, pois, de uma "antologia de retratos". Ora, assim como no seu sentido etimológico uma antologia significa (tal como um florilégio) o ato de escolha de flores a serem colhidas, assim também nesta resenha destacaram-se as passagens do texto mais relevantes para ilustrar o estilo peculiar de Marcel Proust como "retratista".

Proust retratista

Enquanto a pintura na obra de Proust, em si mesma considerada, tem sido objeto de vastíssima bibliografia, seja no que respeita às obras de arte referidas no texto, seja nas considerações gerais a respeito da estética pictórica, seja ainda a propósito do pintor Elstir, personagem do romance (um compósito de Whistler, de Helleu, de Degas e de Monet), a verdade é que a mesma atenção não tem sido dada à faceta de Marcel Proust enquanto ele próprio *pintor*, mais precisamente *retratista*[1].

---

1 Cfr. MARCEL PROUST: *L'écriture et les arts* (dir. Jean-Yves Tadié), Paris 1999; YANN LE PICHON, *Le musé retrouvé de Marcel Proust*, ed. Stock, Paris 1990. No curto prefácio deste livro FRANÇOIS MITTERAND observa que "esta arte de escrever e esta arte de ver fazem dele (Proust), para retomar a expressão da poética clássica, um grande pintor". Também segundo PICHON, Picasso e Jean Cocteau tinham-se apercebido que Proust era um "escritor-pintor". Cfr. *op. cit.,* 16-17. Veja-se a bibliografia dedicada ao tema "Proust e a pintura", *ibidem*, 261 ss. Ver ainda ROGER ALLARD, *Les arts plastiques dans l'oeuvre de Marcel Proust*, in Hommage à Marcel Proust, La Nouvelle Revue Française, Paris 1923, 223 ss.; JEAN AUTRET, *L'influence de Ruskin sur la vie, les idées et l'oeuvre de Mar-*

O fenômeno talvez possa explicar-se por Proust não corresponder ao modelo típico do "retratista", ao menos na literatura francesa, representado paradigmaticamente pelo duque de Saint-Simon[2], e no qual se inserem escritores de estilos e tendências tão díspares como Balzac, Chateaubriand, o marquês de Sade, Mme du Deffand, Mme de Stael, Rivarol e Tocqueville.

Ao percorrer as passagens destes autores, algumas das quais compilada por Cioran, na sua "Anthologie du Portrait"[3], verificamos que a descrição física dos personagens, muitas vezes acompanhadas pela síntese dos seus traços psicológicos ou morais, é feita em bloco, de uma vez só, com preocupação de nitidez e completude[4], enquanto Proust retratista procede (como é próprio da sua escrita) de um modo fragmentário, por esboços, aditamentos, justaposições[5], retoques e aproximações sucessivas, dispersos ao longo da obra, distantes entre si, "intermitentes", interpolados, de modo que o retrato chega ao leitor como que indeciso, trêmulo, bruxuleante, fugidio, inacabado, "sfumato".

E daí que a técnica pictória de Proust já tenha sido qualificada como "impressionista", pois na sua obra e mais especificamente nos seus retratos o aspecto da realidade física varia em função da estação, do tempo, da hora do dia, de tal modo que a própria forma, submetida a essas modificações decorrentes de vibrações luminosas e multico-

---

cel Proust, Droz, Genève 1955; Theodore Johnson, *The Painter and his Art in the Work of Marcel Proust*, University of Wiscosin Press, 1964; Anne Henry, *Marcel Proust: Théories pour une esthétique*, Klincksieck, 1981; Juliette Monnin-Hornung, *Marcel Proust et la peinture*, Droz, Gèneve 1954; Michel Erman, *L'oeuil de Proust: écriture et voyeurisme dans A la recherche du temps perdu,* ed. A.G. Nizet, Paris 1988, 51 ss.

---

2 Cfr. H. de Ley, *Proust et le duc de Saint Simon*, Urbana, University of Illinois Press, 1966.

3 Cfr. *Anthologie du portrait: De Saint Simon à Tocqueville*, Gallimard, Paris 1996.

4 A uma ausência de "portrait en pied" refere-se Jean-Yves Tadié, *Proust et le roman*, Gallimard 2003, 86.

5 Sobre o fenômeno da composição por justaposição cfr. Georges Poulet, *L'espace proustien*, Gallimard, Paris 1963, 112 ss. Sobre a "fragmentation proustienne" cfr. Anne Simon, *Proust ou le réel retrouvé*, PUF, Paris 2000, 125 ss.

lores, até então apoiada na estabilidade, se vê posta em dúvida, como que desintegrada[6].

Essa sensação de *sfumato*, de pastoso, de espesso, ou de *fondu*, nos retratos de Proust, para usar a expressão de Pietro Citati[7], provém do fato de o "olho de Proust" – um olho de *voyeur*[8] ou até de espião[9] –, ser dotado como que de uma câmara oculta, de uma visão poligonal que tudo vê e tudo observa, como o olhar de mil facetas de uma mosca[10] (Citati), ou de uma aranha[11] (Deleuze), servindo-se do telescópio como meio de percepção das leis gerais que governam a realidade, a par de outros instrumentos que constituem o arsenal óptico do escritor, como o estereoscópio, os vidros amplificadores do opticista de Combray, o caleidoscópio ou lanterna mágica da sua infância e o monóculo, adorno heráldico da vida mundana[12].

O próprio Proust reage à crítica dos que o qualificavam de "pesquisador de detalhes" ao microscópio, quando ele, pelo contrário, se tinha servido do telescópio para perceber as grandes leis que regem as coisas, na verdade muito pequenas, mas que se situam a grande distância e que representam, cada uma, um mundo[13].

É precisamente o uso do telescópio, o olhar a longa distância, na sua técnica pictórica, que leva Marcel Proust à constatação da existência de tantos traços comuns entre as figuras individuais, que eles

---

6 Cfr. Victoria Achères, *A pintura e o cenário da vida em Proust*, in Marcel Proust: o homem, o escritor, a obra, edição especial da Revista Europa, ed. Civilização Brasileira, Rio de Janeiro 1971, 326.

7 Cfr. Pietro Citati, *Proust e a Recherche*, Companhia das Letras, São Paulo 1999, 31, 64, trad. bras. de *La Colombe Poignardée*, Gallimard, Paris 1997, 31, 64.

8 Sobre o "voyeurismo" de Proust cfr. Michel Erman, *L'oeuil de Proust: écriture et voyeurisme dans A la recherche du temps perdu, cit., passim.*

9 A expressão brutal é de Philippe Sollers, *L'oeuil de Proust*, Stok, Paris 1999, 7.

10 Cfr. Citati, *op. cit.*, 21, 65.

11 Cfr. Deleuze, *Proust e os signos* (2ª ed.), ed. Forense Universitária, Rio de Janeiro 2003, 172-173 (trad. bras. de *Proust et les signes*, PUF, Paris 1976).

12 Cfr. Roger Shattuck, *Proust's Way*, ed. Allen Lane, The Penguim Press, Bath 2000, 99 ss.; Howard Moss, *The Magic Lantern of Marcel Proust*, Macmillan, New York 1962; Michel Erman, *L'oeuil de Proust, cit.*, 35 ss.

13 TR, IV, 618; Philippe Willemart, *Proust, poeta e psicanalista*, ed. Ateliê Editorial, 2000, 201. "Pour y réussir, le peintre original, l'écrivain originel, procèdent a la façon des oculistes". Proust, *Écrits sur l'art*, Flammarion, Paris 1999, 340.

são susceptíveis de se reconduzir a grandes tipos, com a conseqüente perda da sua especificidade.

Esta existência de traços comuns era, aliás, objeto da constante e deleitada observação de Charles Swann (esteta refinado e mundano e um *alter ego* de Marcel, o Narrador), através da referência "mediadora" a obras de arte, vislumbrando analogias entre os seres vivos e os retratos dos museus. Swann compraz-se em comparar a criada de cozinha encarregada de pelar aspargos em Combray (que protegia com blusas largas a forma avantajada da sua gravidez), à Caridade de Giotto, uma das Virtudes do Mestre de Pádua, também ela coberta de opalandas e com uma cara viril de bochechas descaídas e quadradas[14]; vê estimulado o seu desejo por Odette de Crécy quando percebe no seu rosto um novelo de linhas belas e sutis que evocavam Séfora, filha de Jetro, pintada por Botticcelli na Capela Sistina[15]; identifica, numa visita à casa dos pais do Narrador, em Combray, o jovem Bloch – um judeu camarada de colégio de Marcel – com o retrato de Maomé II de Bellini, pois nele reconhece as mesmas sobrancelhas circunflexas, o mesmo nariz adunco, as mesmas maçãs do rosto salientes[16]; observa que a senhora Blatin, uma das relações do clã dos Verdurin, era tão feia quanto Savonarola, pintado por Fra Bartolomeo[17]; compara uma das "meninas em flor" a um retrato de Jeffries, pintado por Hogarth; identifica no marquês de Palancy a figura do Injusto, um dos vícios e virtudes de Giotto[18]; vê no seu cocheiro Rémi o Doge Loredano, esculpido em bronze por Antonio Rizzo[19]; observa "a matilha dispersa e magnífica dos lacaios" nas festas mundanas onde circula, reconhecendo num rapaz de libré um guerreiro decorativo, que sonha apoiado no escudo, de um quadro de Mantegna, enquanto vê outro lacaio abrir as portas da sala de concertos, inclinando-se como se estivesse entregando as chaves da cidade de Breda, como em *La Lanzas* de Velásquez;

14 CCS, I, 79.
15 CCS, I, 220.
16 CCS, I, 96.
17 JFF, I, 525.
18 CCS, I, 322.
19 CCS, I, 219; cfr. ainda JFF, I, 525.

vislumbra vários parisienses conhecidos nos cortejos dos Reis Magos, de Benozzo Gozzoli[20].

Impressões similares são sentidas pelo próprio Narrador, logo nos primeiros momentos de sua estada em Balbec, na Normandia, em que entrevê Legrandin um criado de café e a Senhora Swann num nadador salva-vidas.

Esta fungilidade dos rostos humanos explica a técnica impressionista, toda feita de *sfumati*, com que Proust – como que de olhos semicerrados – descreve, em página de grande beleza literária, as suas primeiras impressões das meninas em flor:

> *"E meu desejo errava tão mais voluptuosamente entre elas, quanto mais se começava a instalar nesses rostos movediços uma fixação relativa das feições para se poder distinguir, mesmo que ainda viesse a mudar, a efígie maleável e flutuante. Às diferenças que havia entre os rostos estavam, sem dúvida, bem longe de corresponder idênticas diferenças no comprimento e largura das feições, as quais, de uma para outra dessas meninas, e por mais diferentes que parecessem, talvez pudessem ser quase sobreponíveis. Mas o nosso conhecimento de rostos não é matemático. Primeiro, não começa por medir as partes, mas antes toma como ponto de partida uma expressão, um conjunto. (...).De modo que os rostos, talvez construídos de maneira pouco dissemelhante, conforme fossem iluminados pelo fogo de uma cabeleira ruiva, por uma tez rosada ou pela luz branca de uma palidez baça, alongavam-se ou alargavam-se, se transformando numa outra coisa, tal como os adereços de palco dos Ballets Russes, que por vezes, quando vistos à luz do dia, não passam de simples rodelas de papel, mas que o gênio de um Bakst, conforme a iluminação cor-de-carne ou lunar com que banha o cenário, faz com que pareçam ora uma turquesa duramente incrustada na fachada de um palácio, ora uma rosa-de-bengala desabrochando languidamente no meio de um jardim. Assim, ao tomarmos conhe-*

---

20 CCS, I, 319.

cimento dos rostos, medimo-los com toda a exatidão, não como agrimensores, mas como pintores[21]*."*

Proust não agraciou todos os seus personagens com um retrato, de maior ou menor dimensão ou nitidez. Da sua galeria estão totalmente ausentes personagens tão importantes como o próprio Narrador, o seu pai, a sua mãe e a sua avó. Também não conhecemos traços físicos de figuras relevantes de "A la recherche", como o Sr. Verdurin, o Prof. Cottard, a Marquesa de Cambremer, nascida Legrandin, Jupien, a Berma e Françoise. Em contrapartida, figuras de muito menor relevo no equilíbrio da obra, como o engenheiro Legrandin, foram reiteradamente objeto do pincel do autor[22].

O rosto

Veremos adiante que a originalidade mais relevante de Proust retratista está na sua análise "semiótica" do corpo em movimento e no fato de ser um "pintor do tempo". Não quer isto, porém, dizer que ele despreze outras facetas do aspecto corporal, ainda que encaradas estaticamente.

O rosto dos personagens, a sua "máscara" ou expressão facial é, por vezes, traçada a pinceladas breves, como o rosto de dureza escultural e beleza estatuária do duque de Guermantes, qual estátua do Júpiter Olímpio de Fídias, fundida em ouro; o rosto desdenhosamente impassível da Senhora Verdurin, perante os sofrimentos infligidos pelo Belo; o rosto similar ao do pássaro raro, emplumado de cabelos pretos, de um criado do restaurante de Rivebelle; o rosto – que parecia arrancado do palácio de Dario – do Sr. Nissim Bernard; o rosto sonhador de Octave, que encobria uma (então julgada) nulidade intelectual;

21 JFF, II, 296-297.

22 Jean-Yves Tadié observou, e bem, que os figurantes e personagens secundários têm direito a um tratamento mais clássico (mais balzaquiano, diríamos nós). Cfr. *op. cit.*, 88. Tal fato deve-se por ventura ao desprezo de Proust pela descrição tradicional, à sua consciência de operar uma revolução na técnica do romance.

o rosto imóvel de Saint Loup, em que nenhum músculo se mexia; o rosto injetado de parafina, de Odette, então Senhora de Forcheville.

Marcel Proust retratista não é insensível ao sorriso – o sorriso ambíguo e provocante de cortesã de Odette de Crécy; o sorriso ocioso, azedo, constrangido, tímido e frio de Odette, já então Mme Swann; o sorriso para si próprio de Saniette, como que degustando uma história que os outros não tinham apreciado; o sorriso tímido de suserana da duquesa de Guermantes; o sorriso em equilíbrio instável da princesa de Parma; o sorriso ambíguo do marquês de Cambremer; o sorriso abstrato e disperso de Charlus.

No rosto dos seus personagens o olho de Proust fixa-se por vezes na testa, como a testa abaulada da Senhora Verdurin, de proporções enormes, deformada por quartetos e enxaquecas; outras vezes nas maçãs do rosto, demasiado salientes, de Odette de Crécy; ainda nas pálpebras pesadas e rebaixadas do marquês de Cambremer, que impediam a inteligência de passar; outras vezes nas sardas de Mlle Vinteuil; outras ainda no pescoço dourado e poderoso de Albertine, na sua pele lisa, homogênea, cor-de-rosa, violácea, cremosa, como certas rosas que têm um verniz de cera.

O nariz adunco em forma de bico de pássaro aparece na pintura de Proust como um símbolo heráldico dos Guermantes, de aparência zoomórfica, ou de divindade egípcia, como num quadro simbolista de Gustave Moreau[23], e que se reproduz nas feições de Oriane, de Robert de Saint Loup e de sua filha[24].

Também uma das "meninas em flor" tem um nariz em forma de arco-íris, lembrando o bico de um pintinho. Belo é também o nariz de Andrée, tão fino que uma simples curva podia ter sido traçada sobre o duplo sorriso dos seus olhares gêmeos.

Vemos ainda o nariz de Bloch, forte e vermelho, entumescido por uma espécie de resfriado permanente; o nariz de Polichinello de Swann, enorme, tumefacto, carmesim, como o de um velho hebreu; o nariz do senhor de Cambremer – o órgão que mais facilmente exibe a

---

23 Cfr. Philippe Sollers, *L'oeuil de Proust*, 125.

24 Em relação a Mlle de Saint Loup Dominique Jullien observa que na sua fisionomia se cumulam o nariz aristocrático dos Guermantes com o nariz recurvo dos judeus, como o de seu avô Charles Swann, cfr. *Proust et les modèles*, José Corti, Paris 1989, 146.

estupidez – que olhava para as pessoas, polido, luzidio, flamejante de novo, compensando a insuficiência espiritual do olhar; o nariz de Eulalie, de um rosa-vivo de balsamina; e o nariz de Mlle de Saint Loup, recurvado em forma de bico, que terminava, tal como o da mãe e da avó, com a mesma linha totalmente horizontal logo abaixo do nariz, sublime, embora curta.

Sustenta Thérèse Lynn Ballet que Proust era um "fisiognomonista", cultor da "ciência" desenvolvida por Lavater, no seu "L'essai sur la physiognomonie destinée à faire connaître l'homme et à le faire aimer", que tão grande influência teve em Balzac e que procurava formular o caráter de uma pessoa pelo estudo dos seus traços físicos[25]. E baseia esta sua afirmação no fato de a combinação cabelos louros e olhos azuis representar um sinal de nobreza, de "francité", atributo, no imaginário proustiano, da raça dos "homens pássaros"[26], ou seja, das mais altas esferas de aristocracia.

Louros de olhos azuis são a duquesa de Guermantes, Gisèle (amiga de Albertine), Robert de Saint Loup, Norpois, Legrandin, o Senhor de Cambremer, o barão de Guermantes. Charles Swann e Andrée, conquanto louros (Swann é quase ruivo) têm olhos verdes. Ao contrário destes personagens, de temperamento predominantemente frio, os cabelos e os olhos negros são apanágio dos sensuais: o Narrador[27], Albertine, Rachel, Morel e Charlus.

Os cabelos louros e os olhos azuis de Robert de Saint Loup são objeto de belíssima página em que Proust evoca a raça aristocrática dos "homens pássaros":

---

25 Cfr. "Proust fisiognomonista" in *Marcel Proust, o homem, o escritor, a obra*, ed. Civilização, Rio de Janeiro 1971, 169 ss.

26 Sobre a raça com perfil de pássaro Dominique Jullien informa que uma das origens inspiradoras do nome de Guermantes (que suplantaria o Réveillon de *Jean Santeuil* e o Villebon dos primeiros esboços da *Recherche)* está no pássaro Garamantes, que figura nos bestiários medievais. Cfr. *Proust et les modèles*, José Corti, Paris 1989, 144. Outros, porém, observam que a fonte de inspiração se encontra no Parsifal, de Wagner, que Proust adorava, e em que Gurnemanz é o chefe dos Cavaleiros do Santo Graal. Não é no próprio Parsifal que figuram as *Blumenmädchen*, nome tão próximo das "jeunes filles en fleurs?". Cfr, Edmund White, *Marcel Proust* (trad. bras.), ed. Objetiva, Rio de Janeiro 1999, 111.

27 "Petit diable noir aux cheveux de geai".

> *"Mesmo imóvel, a cor que era a sua mais do que de todos os Guermantes, só por ser a luminosidade do sol de um dia dourado tornada sólida, como uma plumagem peculiar, fazia dele uma espécie tão rara, tão preciosa, que se gostaria de possuir numa coleção ornitológica; mas quando, além disso, essa luz transformada em pássaro se punha em movimento, em ação, quando, por exemplo, via Robert de Saint-Loup entrar numa festa onde eu estava – com aqueles meneios de cabeça, como uma poupa cuidada e altaneira, sob a aigrette de ouro dos seus cabelos já um pouco escassos, com movimentos do pescoço de tal forma mais flexíveis, mais altivos e mais coquetes que os dos seres humanos – perante a curiosidade meio mundana, meio zoológica que ele despertava, interrogávamo-nos se estaríamos no faubourg Saint-Germain ou no Jardim Botânico, se estaríamos a ver um membro da aristocracia atravessando um salão ou uma ave deambulando na sua gaiola*[28]*."*

No que se refere às mãos – objeto de minuciosa atenção por tantos outros retratistas – Proust não lhes dedica um só traço do seu pincel.

O vestuário

O vestuário está também presente nos retratos de Proust, na maior parte das vezes como traço marcante da individualidade dos personagens[29]: é o caso da gravata *lavallière* de Legrandin, sempre flutuante, qual estandarte de seu orgulhoso isolamento e de sua nobre independência; é o caso da cartola forrada de couro verde, de Charles Swann, símbolo de dandismo, de um refinamento estético escolhido com originalidade e bom gosto; é ainda o caso da roupa sempre escura e sóbria do barão de Charlus, em que a ausência de cor era interditada como símbolo de (aparente) virilidade, apenas atenuada por um risco verde no tecido das calças e ao qual o elemento decorativo era dado

---

28 TR, IV, 281-282.

29 Cfr. Jean.Yves Tadié, *op. cit.*, 95 ss.

nas grandes festas do "faubourg Saint Germain" pela *toilette* das mulheres de que ornamentalmente se rodeava.

Nas mulheres, certos atributos do vestuário são também marcas de personalidade, como o colar de pérolas da *dame en rose*, o chapéu de plumas de Marquesa-viúva de Cambremer e a sombrinha da princesa do Luxemburgo, em redor da qual se enleava como uma serpente.

Odette Swann cultiva com esmero a elegância no vestir e envolve-se na sua *toilette* "como num aparelho delicado e espiritualizado de uma civilização"[30]. Seguindo os movimentos da moda tanto no trajar, como na decoração, sacrifica o Extremo-oriente à invasão do século XVIII, substituindo as "robes de chambre" japonesas, com que recebia os seus íntimos, por roupões Watteau, nos quais se deleitava satisfazendo simultaneamente as exigências de sua fisionomia e os refinamentos da sua higiene[31].

Odette veste com elegância o complexo balão de duplas saias, que dava às mulheres da época o ar de serem compostas de diferentes peças mal ajustadas; usa com displicência, na intimidade do seu *boudoir*, um roupão em crepe da China cor de malva, de tecido ricamente bordado; mas recusa-se a usar a *toilette* oferecida por seu marido, uma *écharpe* oriental, azul e rosa, idêntica à da virgem do *Magnificat* (porque incompatível com o seu "caráter"), tolerando embora uma outra, toda ornada de malmequeres, de miosótis e de campânulas, como na "Primavera" de Botticelli.

É ainda como uma busca pela perfeição da *toilette* que Odette faz o seu "footing", acompanhada por Marcel, na elegante *Avenue du Bois*, seja no glacial mês de abril, durante a Semana Santa, envolta em peles brancas de zibelina, seja no tépido mês de maio, em vestidos cor de malva, com uma sombrinha do mesmo tom[32].

O supra-sumo da elegância feminina é, porém, Oriane de Guermantes, rivalizado pelo também extremo refinamento de sua prima germânica, a princesa de Guermantes, Marie-Gilbert da Baviera que, no teatro, assistindo a uma representação da Fedra pela Berma, usava maravilhosas e doces plumagens, que desciam da cabeça até ao pescoço, numa rede emaranhada de conchas e pérolas, como uma ave de paraíso.

30 JFF, I, 609.
31 JFF, I, 605.
32 JFF, I, 623-265.

Oriane envolvera-se, nessa noite, em brancas *mousselines* e portava um penacho de pássaro, condizente com as suas feições ornitológicas, abanando-se com um leque de penas de cisne. Mas, afora nesta situação, de uma "Oriane blanche", Oriane se veste de vermelho ("Oriane rouge"[33]), seja na Primavera, de manhã, de vermelho claro, seja em noite de gala, de cetim vermelho com a saia bordada de lantejoulas, ostentando no cabelo uma pluma de avestruz de cor de púrpura, nos ombros uma *écharpe* de tule do mesmo vermelho, iluminada por rubis de tonalidade *bordeaux* e usando nos pés sapatos pretos... detalhe que provocou a irritação do duque, que ordenou à sua mulher que os substituísse imediatamente por sapatos vermelhos, para combinar. Mais tarde, perante o ar irónico da duquesa, o Narrador descreveu-a como "uma grande flor de sangue, um rubi em chamas". Também na festa em casa da Senhora de Saint-Euverte, Oriane (então princesa des Laumes) usara um manto de seda de um magnífico vermelho Tiepolo, que deixava vislumbrar uma gola de rubis que lhe envolvia o pescoço, enquanto bolinhas de coral e de esmalte rosa, salpicadas de diamantes, lhe ornamentavam o cabelo. O vermelho volta a ser a cor de eleição da duquesa, na recepção oferecida muitos anos mais tarde, já depois da guerra, pela princesa de Guermantes (então a Senhora Verdurin), em que ostentava um corpo salmonado emergente de umas barbatanas de renda preta, estrangulado de jóias. Era tal a aura escarlate de Oriane que até Elstir pintou um seu retrato em "vermelho lagostim", como ironicamente comentava a própria retratada.

É à duquesa de Guermantes que o Narrador pede conselho para a roupa com que veste apaixonada e decorativamente Albertine, desde os roupões em seda da China, aos penteadores japoneses, às chinelas de andar em casa, em cabrito dourado ou chinchila.

Dentre as *toilettes* de Albertine sobressaem os caríssimos vestidos e mantos de Fortuny (louvados por Elstir e usados por Oriane), pintor-costureiro espanhol, radicado em Veneza, que utilizava na ornamentação dos seus tecidos a caligrafia árabe, animais fantásticos e desenhos de Bellini, Veronese e Carpaccio, misturando à trama do

---

33 Sobre "Oriane blanche, Oriane rouge et Oriane noire" cfr. JULIA KRISTEVA, *Le temps sensible. Proust et l'expérience littéraire*, Gallimard, Paris 1994, 93 ss.

tecido pérolas que criam um efeito de luz e cintalação, evocando a cidade lacustre dos Doges, toda embebida de Bizâncio e de Oriente[34].

Deve, porém, observar-se, com Anna Favrichon, que as *toilettes* ocupam na *Recherche* o lugar de simples detalhe de um quadro ou de uma decoração mais vasta, de que fazem parte, sendo impossível isolá-las ou autonomizá-las[35].

Pintor do gesto

A mais marcante originalidade da arte de Proust como retratista está no que poderíamos designar de *pintura dinâmica* ou *cinética*, isto é, na descrição do corpo em movimento*, do body gloss,* das atitudes, dos gestos e das posturas, e na interpretação do respectivo significado.

Marcel Proust é, neste sentido, um retratista "semiótico", uma vez que nos seus retratos concebe o corpo humano como um emissor de signos e um instrumento para a sua decifração. Gilles Deleuze, no seu magistral ensaio "Proust e os signos", observa que "A la recherche du temps perdu", muito mais do que uma teoria da memória involuntária e do tempo, é um aprendizado dos signos e da sua decifração, como o esforço de um mergulhador que sonda ou de um intérprete que procura esclarecer enigmas ou hieróglifos[36].

Os signos – e a expressão é utilizada inúmeras vezes pelo próprio Proust – supõem um agente emissor (a fonte), um destinatário, uma mensagem (o signo) e um código para a sua decifração. Na sua atividade de retratista Proust não se limita a descrever os signos representados pelo corpo em movimento, antes "mergulha" mais fundo para sondar, verificar, desmontar, vasculhar, ler o significado que o sujeito

34 Cfr. P, III, 871-872, 895; Gérard Macé, *Le manteau de Fortuny*, Gallimard, 1987; Anne-Marie Deschodt, *Mariano Fortuny. Un magicien de Venise*, Ed. du Regard, 2000; Gilbert Lescault, *Voyage à Venise sur les pas de Marcel Proust*, ed. du Garde-Temps, Paris 2001, 12.

35 Cfr. *Toilettes et silhouettes féminines chez Marcel Proust*, Presses Universitaires de Lyon, Lyon 1987, 8.

36 Cfr. *Proust et les signes*, PUF, Paris 1964, trad. bras. *Proust e os signos*, ed. Forense Universitária, Rio de Janeiro 2003, *passim.* Veja-se a crítica das teses de Deleuze em Anne Simon, *Proust ou le réel retrouvé*, PUF, Paris 2000, 65 ss.

ou sujeitos atribuem à linguagem do corpo, em função de um código preestabelecido[37].

Precisamente para tentar anular as possibilidades de decifração, os personagens de Proust, especialmente os pertencentes às mais altas esferas do "mundo" (no romance, por definição ou antonomásia, o "faubourg Saint Germain", enclave territorial da velha aristrocracia francesa), procuram que o seu corpo seja o mais neutro possível, para que a sua opacidade de mármore torne impossível a indesejada decifração de enigmas[38]. Afinal, não é a "impassibilidade" a quintessência do dandismo?[39]

O diplomata marquês de Norpois guarda a plena independência dos músculos da cara, "que permitia-lhe escutar sem parecer que estava a ouvir", conferindo ao seu rosto de *virtuose* "a inércia do instrumentista que aguarda o momento de executar a sua parte"[40].

Por sua vez o Narrador observa, em relação ao seu novo amigo Robert de Saint Loup, que "já em Balbec tinha reparado que, a par da sinceridade ingênua do seu rosto, cuja pele deixava adivinhar, pela sua transparência, o afluxo repentino de determinadas emoções, o corpo fora admiravelmente treinado pela educação a um certo número de dissimulações de conveniência e que, como um verdadeiro comediante, Robert estava apto a desempenhar papéis diferentes, um após outros, quer na vida militar, quer na vida mundana"[41].

Esta procura de neutralidade é tanto mais importante quanto é certo que, conquanto involuntariamente, o corpo revela, deixa transparecer, o que os comandos do cérebro visam a ocultar.

Assim, um cumprimento de profunda reverência feito por Legrandin despertou no Narrador a suspeita da sua homosexualidade, pela súbita revelação das ancas avantajadas, "numa ondulação de matéria pura, uma vaga carnal, sem expressão de espiritualidade e que

---

37 Cfr. Umberto Eco, *Tratado geral de semiótica*, ed. Perspectiva, São Paulo 2002, 57; Id., *Le signe*, Labor, Bruxelles, 1988; Henry Raczymow, *Le Paris littéraire et intime de Marcel Proust*, Parigramme, Paris 1975, 85 ss.

38 Cfr. Livio Belloi, *La scène proustienne*, ed. Nathan, 1993, 115.

39 Cfr. Simone François, *Le dandysme et Marcel Proust,* Bruxelas, 1956.

40 JFF, I, 447.

41 CG, II, 704; Philippe Willemart, *Educação sentimental em Proust*, ed. Ateliê Editorial, Cotia-SP 2002, 159-160.

uma solicitude cheia de baixeza fustigava violentamente"[42]. Também a inversão do barão de Charlus é ostentada ao jovem Marcel pelo peito mamalhudo, as nádegas avantajadas de um corpo abandonado ao desmazelo e invadido pela gordura[43].

A extrema agilidade e flexibilidade do corpo em movimento pode ser, para um intérprete atento, reveladora de hábitos sórdidos inconfessáveis em mundos subterrâneos, como os que, em certas fases das suas vidas, passaram a frequentar Legrandin e Robert de Saint Loup.

Leia-se o trecho referente a Legrandin:

> *"À medida que o senhor de Charlus ia ficando mais pesado e lento, Legrandin tornara-se mais esguio e mais ágil de movimentos, efeito contrário de uma mesma causa. Essa agilidade tinha, aliás, razões psicológicas. Legrandin habituara-se a frequentar certos lugares de fama duvidosa, em que ele não gostava de ser visto a entrar, ou a sair, onde se sumia. (...) (...)[44]".*

Reflexões similares são feitas a propósito de Saint-Loup:

> *"À medida que o barão de Charlus se tornava obeso, Robert (...) tornara-se mais ágil, mais rápido, efeito contrário de um mesmo vício. Essa desenvoltura tinha, de resto, diversas razões psicológicas, como o receio de ser visto e o desejo de não demonstrar esse mesmo receio, o estado febril que brota do descontentamento de si mesmo e da neurastenia. Adquirira o hábito de freqüentar determinados locais mal afamados, onde – como não queria que o vissem entrar ou sair – quase desaparecia dos olhares malévolos de eventuais transeuntes, apagando-se o mais que podia como quando se lança um assalto. E essa maneira de andar apressada, como uma rajada de vento, acabara por lhe ficar. Talvez ela esquematizasse igualmente a aparente intrepidez de*

42 CCS, I, 123.
43 P, III, 712.
44 AD, IV, 244.

alguém que quer mostrar que não tem medo e que não quer perder tempo a pensar[45]*."*

E adiante:

"Contudo, alguma coisa me chamou a atenção e não foi o rosto, que não consegui ver, nem o uniforme oculto por um amplo capote, mas sim a extraordinária desproporção entre o número de pontos diferentes por onde o seu corpo passou e o reduzido número de segundos durante os quais aquela saída se produziu, saída que mais parecia a fuga tentada por um sitiado. De sorte que, se não o reconheci formalmente, lembrei-me – nem falo da figura, nem da elegância, nem do andar, nem da rapidez de Saint-Loup – daquela espécie de ubiqüidade que lhe era tão peculiar. O militar capaz de ocupar em tão pouco tempo tantas posições diferentes no espaço tinha desaparecido, sem me ver, numa rua transversal, e fiquei hesitante sem saber se devia, ou não, entrar naquela moradia, cuja aparência modesta me suscitava fortes dúvidas de que tivesse sido Saint-Loup a sair de lá[46]*."*

Certas expressões do rosto, da máscara, são também signos involuntários que permitem ao intérprete decifrar um "significante" que o personagem procura de toda a forma ocultar. Com razão fala Livio Belloi num "corpo delator", nas "confidências involuntárias do corpo"[47]. Tudo se passa como se os signos do corpo traíssem os da linguagem, mais submetidos ao controle de consciência e da vontade. E daí que Anne Simon se refira a um "corps expressif malgré lui".[48]

A duquesa de Guermantes, por exemplo, tem uma intuição da feminilidade de Charlus quando observa que o seu cunhado (irmão do duque) se parecia cada vez mais com a mãe dele, sua sogra.

---

45 TR, IV, 277.

46 TR, IV, 389.

47 Cfr. *La scène proustienne: Proust, Goffman et le Theátre du monde.* it, 140, 116.

48 *Cfr. Proust ou le corps expressif malgré lui,* Littérature, nº 119, setembro 2000, 52-64.

E Proust comenta que "ainda que a cara tenha barba e as faces se apresentem congestionadas sob as suíças, há certos traços sobreponíveis a um retrato materno. Todos os velhos Charlus são uma ruína, mas neles reconhecemos com espanto, sob as camadas de cremes e de pó-de-arroz, alguns fragmentos de uma linda mulher em toda sua eterna beleza. (...)[49]"

Através dos signos involuntariamente emitidos pela máscara do personagem, o Narrador tem a revelação inequívoca que a intuição da duquesa de Guermantes estava certa, a de que o Senhor de Charlus era intrínsecamente uma mulher.

Esta mesma convicção já começara a formar-se, bem antes, em "Sodome et Ghomorre", em face do carácter inequívoco dos signos emitidos pela expressão facial de Charlus que, convencido de que ninguém o observava, relaxava a tensão do rosto, deixando revelar um sorriso, uma bondade, uma afabilidade, algo de tão afetuoso que fazia pensar numa mulher.[50]

E noutra passagem da "Prisonnière" o "rosto revelador", a "máscara denunciadora" da sua "inversão" rompera definitivamente o dique interposto por mil e um mecanismos destinados à proteção do que desejava manter em segredo: quando Charlus se aventurava por lugares mal-afamados, perseguido por prostitutos, ostentava a fisionomia de um padre proscrito que revelava precisamente o que procurava esconder, uma vida de devassidão pautada pela decadência moral.[51]

E continua, mais adiante, o Narrador, observando que a "simulação semiótica" de Charlus, se não conseguia atingir os seus efeitos com certos destinatários dotados de um código mais perspicaz de decifração, continuava a produzir uma plena eficácia enganatória com relação a terceiros de boa fé[52].

A idêntica conclusão se chega no "Le temps retrouvé", já em plena fase de decadência física e moral do barão, qual "humilde e convulsivo Lear", qual "Édipo senil e derrotado", para usar as fortes expressões de Samuel Beckett[53]:

---

49 TR, IV, 570.

50 SG, III, 5.

51 P, III, 711-712.

52 P, III, 731.

53 Cfr. Beckett, *Proust*, Cosac & Naif, São Paulo 2003, 82.

> *"De novo, surpreendi nele, na frivolidade fervilhante manifestada diante daquele harém que quase o intimidava, os velhos gestos de cintura e cabeça, bem como aquela vivacidade do olhar, que me tinham impressionado na primeira noite em que fora a 'La Raspelière', meneios que poderia ter herdado de alguma avó que eu não conhecera, e que no dia-a-dia normal dissimulava com expressões mais viris, mas que, em determinadas circunstâncias, como quando fazia questão de agradar a um meio social inferior ao seu, faziam desabrochar nele o desejo coquete de parecer uma grande dama*[54]*."*

Mas se é um objeto de revelações involuntárias, o corpo pode também ser deliberadamente usado como instrumento de simulação, que umas vezes chega a bom termo, correspondente às finalidades do emitente dos signos, simulador, outras vezes é desmascarada pela perspicaz hermenêutica do destinatário[55].

A postura altaneira da Senhora de Gallardon, como a de uma "árvore que, nascida numa posição incorreta à beira de um precipício, é forçada a crescer para trás a fim de se conservar o equilíbrio", de ombros empertigados e busto saliente "sobre os quais a cabeça, colocada quase na horizontal, lembrava a cabeça de um faisão altaneiro que se serve à mesa com toda a plumagem", nada mais era que um signo simulatório de ocultação da inferioridade do seu *status* relativamente aos Guermantes, com os quais, aliás, era aparentada[56].

Também é simulatória a atitude de Françoise, assumindo o papel de carpideira da morte de Saint-Loup, que exibia seu desgosto com lamentos fúnebres e trenos desesperados, e quc apenas fazia uma

---

54 TR, IV, 403.

55 Cfr. Livio Belloi, *op. cit.,* 110, fala de uma "hermenêutica do corpo". Umberto Eco, *Le signe, cit.*, 62-63 alude a uma "semiótica da simulação", referindo-se à dupla alternativa do simulador desmascarado e do simulador vitorioso. Veja sobre o tema R. H. Hinde, *Non-verbal Communication*, Cambridge University Press, 1972.

56 CCS, I, 324.

expressão severa quando, e apesar dos esforços de Marcel, virava a cabeça e surpreendia a sua, que ela fingia não ter visto[57].

Que outra coisa é senão simulação enganatória o gesto da Senhora Verdurin de ocultar o rosto nas mãos, enquanto ouvia música, para significar que se encontrava como que numa igreja e que não via nenhuma diferença entre a música que ouvia e a mais sublime das preces ou o ato de ocultar de olhares indiscretos, também numa igreja, seja por pudor o seu suposto fervor, seja por respeito humano uma culposa distração ou um sono invencível?[58]

A "linguagem cifrada" do corpo, a "cinésica[59]", essa "semiótica de simulação", é objeto de atenta análise de Marcel Proust, que procura prescrutar o significado e alcance das mímicas ou "mimésis" dos seus personagens: as oscilações flexíveis dos ombros de Legrandin, como brinquedo inerte e mecânico da felicidade; a postura de adoração da música da Senhora Verdurin, corpo erecto e imóvel, olhos sem expressão, mechas fugidias, rosto escondido nas mãos numa atitude de recolhimento, como numa igreja; o apagamento dos ombros de Oriane, então princesa de Laumes, onde não havia ninguém para deixar passar, apenas para significar que se sente no seu lugar, como um rei que faz fila para entrar num teatro; a mímica das mãos de Aimé, num gesto repetido das palmas das mãos, como que para acalmar um cavalo, sugerindo aos criados moderação da conta a apresentar aos clientes especiais do restaurante do grande Hotel de Balbec; o gesto mecânico de colocar e tirar o boné do jovem criado do mesmo hotel; os soluços de amabilidade da Senhora Verdurin, atordoada pela alegria dos fiéis, bêbada de camaradagem, de maledicência e de assentimento.

Pintor do olhar

Dentro dos movimentos do corpo ou gestos, em sentido amplo, são os olhares que concentram a atenção de Marcel Proust e na descrição dos quais exibe o seu virtuosismo de retratista. O olhar humano,

---

57 TR, IV, 427.

58 P, III, 756.

59 De "grandiosas cenas miméticas" fala-nos Citati, *op. cit.*, 320. Cfr. Deleuze, *op. cit.*, 86.

dizia ele, é dotado de uma maravilhosa independência, pois que preso ao rosto por um fio tão frouxo, tão comprido e tão extensível, que pode passear sozinho para bem longe dele[60]. E daí que ele seja um dos mais expressivos e elásticos instrumentos emissores de signos, afirmando Pietro Citati que Proust tem uma dupla convicção: uma, a de que os segredos dos humanos estão ocultos em seus olhos; outra, a de que é uma ilusão acreditar que os conhecemos[61].

Como observa Elisabeth Angel-Perez, "ancorado no gestual, o olhar se lê, se decifra, se inscreve como se lhe fosse anexada uma verdadeira gramática"[62].

Em "A la Recherche" pode, com efeito, encontrar-se um vastíssimo material de uma "semiótica do olhar".

Aplicando ao olhar a teoria de Gilles Deleuze, podem agrupar-se os seus tipos principais em função da natureza dos signos que emitem para os seus destinatários, aos quais compete a tarefa hermenêutica de sua decifração: *signos sociais* (dentro dos quais se incluem os *signos mundanos)* e *signos sexuais*.

Exemplo magnífico do olhar como signo social de autoridade é o do diretor geral do Grande Hotel de Balbec, cujos olhos penetrantes, que pareciam saltar-lhes das órbitas, viam tudo, comandavam tudo, petrificados pela atenção com que abarcavam e dirigiam a totalidade das operações[63].

De novo essa forma peculiar de gesto que é o olhar se presta a um jogo de simulações, que não raro é desmascarada pela destinatária do signo enganatório, cuja experiência o permitiu decifrar; é o que sucedeu com a senhora Verdurin, ao revelar a gafe que praticara à pessoa de que foi vítima pela expressão com que simultaneamente se manifesta o desejo de mandar calar quem fala e o de manter um ar inocente aos olhos de quem ouve[64].

---

60 CCS, I, 174. Proust refere-se ao olhar também como projetor, raio, sonda. Cfr. "Regard" em *Dictionnaire Marcel Proust,* dir. Annick Bouillagnet e Brian G. Rogers, Honoré Champion, Paris, 2004.

61 Cfr. Proust, *cit.,* 268.

62 Cfr. Pierre Arnaud et Elisabeth Angel-Perez, *Le regard dans les arts plastiques et la littérature (Angleterre, Etats Unis),* Presses de l'Université de Paris-Sorbonne, 2003, 5.

63 JFF, II, 51-52.

64 CCS, I, 279-280.

Situação semelhante se passa no jantar oferecido pelos Verdurin ao "faubourg Saint Germain", em homenagem ao violinista Morel, em que o olhar trocado entre duas pessoas (Charlus e a Senhora de Mortemart) denuncia perante um terceiro (a Senhora de Valcourt) uma manobra mundana que lhe queria ser ocultada pelo movimento de olhos baixos e inquisidores, num ar de conspiração e de conjura, instantaneamente percebido pela vítima, por um fenômeno de simetria especular[65].

Um outro tipo de olhar como signo social é o olhar de cumplicidade malévola que Odette dirige a Forcheville num jantar em casa dos Verdurin, como que o felicitando, com um sorrateiro sorriso de felicitações, pela crueldade grosseira com que tinha tratado o seu cunhado, o tímido Saniette[66].

Legrandin, movido por um incontrolável esnobismo, que o leva a privilegiar as suas relações aristocráticas em detrimento de velhos amigos da burguesia de Combray, utiliza os seus olhares, ora sonhadores, ora longínquos, ora dúplices ("uma pupila enamorada num rosto de gelo") como instrumentos ópticos de simulação, na vã esperança que os destinatários não consigam decifrar os signos que escancaradamente ostentam.

A simulação do olhar atinge o seu climax, quando o Narrador – conhecedor do profundo esnobismo de Legrandin ("único pecado que não tem redenção"), o levou cruelmente a confessar que não conhecia a família que, no romance, representa o supra-sumo do grande mundo:

> *"Porém, ao nome de Guermantes, vi que bem no meio dos olhos azuis do nosso amigo se cravava uma pequena incisão castanha como se acabassem de ser trespassados por um espigão invisível, enquanto o resto da pupila reagia excretando ondas de azul-celeste. As olheiras escureceram, se afundaram. Mas a boca, marcada por um vinco de amargura, se recompôs mais depressa e sorriu, ao passo que no olhar persistia a dor, como o olhar de um belo*

65 P, III, 773.

66 CCS, I, 272-273.

mártir com o corpo cravejado de flechas. "Não, não conheço", disse ele, ...[67]."

Nas festas do "faubourg Saint Germain" Oriane utiliza o arsenal estratégico dos seus olhares para emitir signos de múltiplas nuances, que vão de uma alegria "profissional" a uma atitude defensiva perante os percalços menores que mesmo nessas ocasiões brilhantes podem surgir.

"Eu pressentia o mistério, mas não podia decifrar o enigma desse olhar sorridente dirigido aos amigos, presente no clarão azulado que o iluminava, enquanto ela ia abandonando a mão a uns e outros, e que, caso me fosse possível decompor aquele prisma e analisar-lhe as cristalizações, talvez me revelasse a essência da vida oculta que se revelava naquele preciso momento[68]."

"Em geral, os olhos da duquesa de Guermantes eram distraídos e um tanto melancólicos. Apenas brilhavam com um fulgor anímico de cada vez que saudava um amigo, absolutamente como se esse fulgor fosse uma frase com espírito, uma tirada ou atitude cativante, um mimo para pessoas refinadas, cuja degustação espelhava no rosto do connaisseur uma expressão de vivacidade e alegria. Porém, em grandes saraus, onde tinha de saudar inúmeras pessoas, seria demasiado cansativo extinguir essa chama após cada cumprimento. Tal como um apreciador de literatura, que vai ao teatro assistir a uma novidade de um dos mestres da dramaturgia, demonstra a sua confiança num serão compensador preparando previamente, enquanto entrega os agasalhos à encarregada do vestiário, os lábios para um sorriso sagaz e despertando o olhar para uma aprovação maliciosa, de igual modo a duquesa, desde que chegava, acendia a chama do olhar para toda a noite. E depois de entregar o casaco de grande gala, de um esplêndido vermelho Tiepolo, que dei-

---

67 CCS, I, 126.
68 CG, II, 352.

xava entrever a gargantilha de rubis, e de lançar um último olhar ao vestido, esse olhar rápido, minucioso e completo de costureira que é o de uma mulher de sociedade, Oriane certificou-se do faiscar dos olhos não menos do que o das suas outras jóias[69]*."*

Noutra passagem Oriane de Guermantes deixa a luz azulada de seus olhos flutuar à sua frente, no vácuo, a fim de evitar pessoas que para ela não tinham interesse e nas quais pressentia já ao longe um escolho ameaçador[70].

Da técnica de Oriane, nas festas do grande mundo, não diferia substancialmente a estratégia de seu cunhado hiper-mundano, o barão de Charlus, cujos olhos, como os de um vendedor ambulante que receia a qualquer momento a chegada da polícia, esquadrinhavam cada recanto do salão e indentificavam todos os presentes[71].

Teoria geral da sexualidade e do esnobismo, a "Recherche" dedica-se com a mesma profundidade à análise tanto de signos sexuais quanto de signos mundanos, através de olhares, e isto quer no mundo dito "normal", quer no mundo das "raças malditas" que povoam Sodoma e Gomorra.

Charles Swann, na festa da princesa de Guermantes, emite poderoso signo sexual com o seu olhar para a senhora de Surgis, que instantâneamente o decifrou, contagiada pelo desejo. As profundezas do seu decote foram devassadas por um olhar de conhecedor, dilatado e concupiscente, atento, sério, absorto e compenetrado[72].

Noutra passagem, em que Saint Loup e a sua amante Rachel jantam num restaurante, servidos por Aimé, a atriz emite com o seu olhar fixo inequívocos signos de desejo para o "maître d´hôtel"[73].

No universo "invertido" dos habitantes de Sodoma o barão de Charlus, recém chegado a Balbec, emite com o seu olhar um poderoso

---

69 SG, III, 61.
70 SG, III, 67-68.
71 CG, II, 566-567.
72 SG, III, 103-106.
73 CG, II, 464.

signo sexual de carácter prospectivo, que o Narrador, nesse momento, ainda não consegue decifrar[74].

A admirável passagem – talvez o coração de "A la Recherche" – merece funda análise:

> *"Na manhã do dia seguinte àquele em que Robert me falou do seu tio Palamède enquanto esperava por ele – em vão, de resto – passava eu sozinho diante do cassino, de volta ao hotel, quando tive a sensação de que alguém me observava de muito perto. Virei a cabeça e vi um homem de uns quarenta anos, muito alto e bastante forte, de bigode preto, e que, batendo nervosamente com a bengala nas calças, fixava em mim os olhos dilatados pela atenção. Por momentos, relanceou-os ativamente em todas as direções como quando um homem está diante de um desconhecido, que, por um motivo qualquer, lhe inspira pensamentos que não passariam pela cabeça de mais ninguém, por exemplo, de um doido ou de um espião. Lançou-me uma olhadela autoritária, simultaneamente ousada e prudente, rápida e intensa, como um último tiro que se dispara no momento de empreender a fuga, e, depois de ter olhado em volta, assumiu num ápice um ar altivo e distraído, virando-se bruscamente para um cartaz em cuja leitura pareceu ficar absorto, enquanto trauteava uma melodia e ajeitava a rosa que trazia na botoeira. "(...). "O seu olhar trespassou-me com a rapidez de um relâmpago, tal como quando o vira antes, para se recolher de imediato como se nunca me tivesse visto, permanecendo totalmente vazio como o olhar neutro que finge nada ver para fora e onde nada se pode ler para dentro, o olhar que somente expressa o agrado de sentir à sua volta a presença das pestanas que ele afasta da sua redondez beatífica, o olhar devoto e delicodoce de certos hipócritas, o olhar fátuo e presumido de certos idiotas[75]."*

---

74 Cfr. a análise deste trecho, do ponto de vista psicanalítico, em Michel Erman, *L'oeuil de Proust, cit.*, 110 ss.

75 JFF, II, 110-111.

Mas à sua dúplice condição de *voyeur* e hermeneuta já não escaparam ao Narrador as significações dos olhares, de forte desejo recíproco, trocados entre o aristocrata Charlus e o alfaiate Jupien, num fenômeno de "conflagração" ou de "conjunção", como se lhes refere Anne Simon[76]: olhares repetidos a intervalos regulares ("como os fraseados interrogativas de Beethoven") que pareciam não ter qualquer objetivo concreto, mas que eram a revelação da pertença comum ao mundo de Sodoma[77].

E é sempre no mundo desta bíblica e amaldiçoada cidade do Oriente que Charlus continua a produzir os signos do seu incansável desejo sexual através do olhar, lançando olhadelas furtivas, inquisitoriais e timoratas a moços de fretes e militares, após o que baixava imediatamente as pálpebras sobre os olhos semicerrados com a unção de um eclesiástico ou a reserva de uma esposa devotada[78].

Também no mundo de Gomorra o Narrador assiste perplexo a um jogo de sedução pelos olhares repetitivos, verticais e laterais, com que Albertine, sua noiva, pretendia significar o seu desejo sexual a uma indiferente(?) empregada de uma confeitaria, onde se sentaram para descansar[79].

Pintor do tempo

Uma outra característica fortemente original de Marcel Proust, enquanto retratista, é a de ser um *pintor do tempo*. O tempo – conceito nebuloso e fugidio em redor do qual se constrói todo o edifício da *Recherche* – "que, de hábito não é visível, para se o tornar procura os corpos e, em qualquer lugar onde os encontre, se apossa deles para mostrá-los com a sua lanterna mágica"[80].

Esta macabra iluminação é pintada por Proust concentradamente, de modo angustiante e crepuscular, nas páginas de "Le temps retrouvé", em que o autor descreve a *matinée* em casa da princesa de

76 Cfr. "Regard", *op. cit.,* 842.
77 SG, III, 7-8.
78 SG, III, 425.
79 P, III, 907-908.
80 TR, IV, 503.

Guermantes (em que se tinha tornado a Senhora Verdurin)[81], após o terceiro regresso do Narrador a Paris, afastado por grave doença já após a guerra, passagem essa conhecida na literatura proustiana como o *bal de têtes*, o baile em que os convidados apenas disfarçam ou fantasiam os rostos.

Essa reunião mundana – na qual o Narrador se sente na desconfortável posição de reconhecer com muita dificuldade pessoas que há alguns anos atrás foram suas próximas – representava muito mais do que uma imagem estática do passado, pois exprimia com nitidez todas as imagens sucessivas que estabeleciam a relação entre o passado e o presente. Como diz Proust, ela era como uma "vista óptica", mas uma vista óptica dos anos, a vista não de um momento, mas de uma pessoa situada na perspectiva deformante do tempo[82].

As metamorfoses devastadoras provocadas pelo tempo em cada uma das pessoas resultavam da substituição sucessiva, realizada na ausência do Narrador, de cada uma das suas células por outras, produzindo não numa matéria inerte, mas numa carne que apenas muda insensivelmente, um fenômeno de envelhecimento que parecia saído da história natural e de que resultava um gritante contraste entre a aparição presente e o ser conhecido no passado, tornando quase impossível a sua identificação[83].

Ora, dentre as inúmeras manifestações dessa revolução na "geologia" do corpo, desde o empastamento dos traços à rigidez dos movimentos, à gordura que envolve os corpos, à supressão da maquiagem, sobressaem, como símbolo heráldico do tempo, os cabelos brancos, adorno bem conhecido pelos maquiadores de teatro que sabem que basta a substituição de cabelos louros ou pretos por uma peruca empoada para tornar irreconhecível um personagem[84].

No *bal de têtes* o Narrador hesita em reconhecer o dono da casa e os convidados, estupefacto por estarem todos fantasiados, com os cabelos muito empoados. O príncipe de Guermantes surge com o ar bonachão de um rei de conto de fadas, com uns bigodes brancos

81 Mme Verdurin tornou-se, depois de uma primeira viuvez, duquesa de Duras e, após uma segunda, princesa de Guermantes.

82 TR, IV, 504.

83 TR, IV, 519.

84 TR, IV, 517.

que pareciam trazer colados pedaços de gelo da floresta do Pequeno Polegar[85].

O Senhor d'Argencourt, inimigo pessoal de Marcel, apresenta-se com uma barba de uma brancura inacreditável, cruelmente retratado ora como um boneco de neve imitando um general Dourakine na infância, ora como um velho mendigo incapaz de inspirar respeito[86-87].

Ao mesmo fenômeno de metamorfose não escapa a Senhora Verdurin, agora Princesa de Guermantes, anfitriã do *bal de têtes*. As suas mechas, outrora de prata, tinham adquirido à força de se tornar brancas um matiz de lã e de estopa, como uma neve suja que perdeu seu brilho[88].

Noutra passagem de "Le temps retrouvé" Proust utiliza os tons de branco para a pintura dos efeitos do tempo sobre o duque de Guermantes:

> *"As artérias, perdida toda a sua elasticidade, conferiam ao rosto outrora descontraído uma rigidez de estátua. E sem que o suspeitasse, o duque revelava detalhes da nuca, da face, da testa, onde todo o seu ser, como se fosse obrigado a agarrar-se desesperadamente a cada minuto, parecia estar a ser abalado por trágicas rajadas de vento, enquanto as madeixas brancas da magnífica cabeleira, agora não tão abundante, vinham borrifar de espuma o promontório invadido que era o seu rosto. E tal como esses reflexos estranhos e únicos, que só a aproximação da tempestade que tudo arrasa dá aos rochedos que até aí tinham outra cor, percebi que o cinzento plúmbeo das faces rígidas e consumidas, o cinza esbranquiçado das madeixas, a débil luz ainda presente nos olhos que já mal enxergavam, não eram tons irreais, mas, pelo contrário, bem reais ainda que fantásticos, cedidos pela paleta, as gradações – inimitáveis nos escuros assustadores e proféticos – da velhice e da proximidade da morte[89]."*

85 TR, IV, 499.
86 TR, IV, 500.
87 TR, IV, 501.
88 TR, IV, 519.
89 TR, IV, 594.

É ainda em tons de branco, em página de admirável beleza literária, que Proust pinta Charlus agonizante:

> *"O chapéu de palha deixava a descoberto um emaranhado bravio de cabelos inteiramente brancos, enquanto uma barba igualmente branca – como a neve por vezes forma nas estátuas dos ribeiros e lagos dos jardins públicos – lhe pendia do queixo. Era o senhor de Charlus, convalescente de uma apoplexia, de que eu não tivera conhecimento, acompanhado por Jupien, que se desdobrava em mil cuidados. A mim apenas me tinham dito que o barão perdera a vista, mas que, afinal, tudo não passara de um problema passageiro, visto que voltara a ver perfeitamente. Ora, a menos que até aí os cabelos e a barba fossem pintados, e que posteriormente lhe tivessem proibido esse esforço, conseguira – como numa espécie de precipitado químico – tornar evidente e brilhante o metal de que, como gêiseres, estavam saturadas as mechas de uns e de outra, impondo ao velho príncipe decadente a majestade shakespeariana de um rei Lear[90]."*

Ao olho de Proust não escaparam, pois, os efeitos do tempo, qual artista, – que umas vezes se produzem nos seus modelos de uma forma acelerada, como no caso da viscondesa de Saint-Fiacre, desfigurada pela cocaína, outras de uma forma retardada, quase inerte, como em Odette, que conservava o aspecto de uma rosa esterilizada[91].

E é com funda melancolia que observa as mulheres que não dão tréguas ao seu esforço de lutar contra a idade e mostram, em direção à beleza que se afasta como um sol poente e do qual querem conservar apaixonadamente os últimos raios, o espelho do seu rosto[92].

Pode, em síntese, dizer-se que a arte do retrato em Marcel Proust se caracteriza por três traços essenciais: é dinâmica, semiótica e fragmentária.

---

90 TR, IV, 438.
91 TR, IV, 272.
92 TR, IV, 269.

É *dinâmica* porque o seu pincel é preponderantemente inclinado a registar o corpo em movimento, a cinética do gesto e ainda porque descreve as metamorfoses sucessivas do mesmo corpo; é *semiótica*, pois que o retrato é essencialmente voltado a anotar a emissão de signos e a buscar a sua decifração; é *fragmentária*, eis que não surge de jato, de uma só vez, antes se vai formando, por retoques sucessivos, progressivamente, ao longo da obra.

Proust retratista é sobretudo um pintor do gesto, um pintor do olhar e um pintor desse fenômeno invisível ao qual dedicou toda a sua obra – o Tempo.

I

COMBRAY

1. A TIA LÉONIE

A prima do meu avô – minha tia-avó – em casa de quem nós vivíamos, era a mãe daquela tia Léonie que desde a morte do marido, o tio Octave, se recusara em primeiro lugar a sair de Combray, depois de sua casa em Combray, a seguir de seu quarto e, finalmente, de sua cama; era aquela tia que já não "descia", sempre deitada num estado incerto de desgosto, de debilidade física, de doença, de ideia fixa e de devoção. Os seus aposentos davam para a Rua de Saint-Jacques que terminava, bastante mais à frente, no Grand-Pré (por oposição ao Petit-Pré, verdejando no meio da cidade, entre três ruas), e que, uniforme e cinzenta com seus três altos degraus de grés diante de quase todas as portas, lembrava um desfiladeiro talhado na rocha por um canteiro de imagens góticas, na mesma pedra em que poderia ter esculpido um presépio ou um calvário. Na verdade, minha tia não ocupava mais do que dois quartos contíguos, instalando-se num deles durante a tarde enquanto arejavam o outro.

(...) (...)

No quarto ao lado, ouvia minha tia falando sozinha em voz baixa. De resto, ela falava sempre em voz baixa porque se convencera que tinha dentro da cabeça qualquer coisa partida que flutuava e que poderia deslocar se falasse muito alto; ainda assim, nunca ficava muito tempo sem dizer qualquer coisa, mesmo quando estava só, porque acreditava que falar fazia bem à garganta e impedia que o sangue ali parasse de circular, tornando menos freqüentes as sufocações e as angústias de que padecia; além do mais, na inércia absoluta em que vivia, dava uma importância extraordinária às suas sensações, por mais ínfimas que fossem, atribuindo-lhes uma mutabilidade que tornava difícil não as partilhar com alguém, de modo que, à falta de interlocutor, se punha a anunciá-las a si mesma num monólogo interminável que constituía a sua única atividade. Infelizmente, tendo adquirido o hábito de pensar em voz alta, nem sempre cuidava de saber se haveria alguém no quarto ao lado e, muitas vezes, eu a ouvia dizer: "Não me posso esquecer de que não dormi" (porque *o não dormir nunca* era a sua grande pretensão, suscetível de infundir respeito e até mesmo um cunho peculiar na linguagem de todos nós; de manhã, Françoise não ia "acordá-la", mas apenas "entrava" no quarto; quando minha tia queria dormitar durante o dia, dizia-se que queria "meditar" ou "descansar"; e quando lhe acontecia esquecer-se ao ponto de deixar escapar no meio de uma conversa que "o que me acordou..." ou "sonhei que...", corava e corrigia-se rapidamente).

(...) (...)

Cinco minutos que estivesse junto de minha tia bastavam para que ela me mandasse embora, receando que eu a fatigasse. Estendia-me, para eu beijar a sua triste testa esmaecida, àquela hora da manhã ainda desprovida das madeixas de cabelo postiço de que se compunha, e onde os ossos transpareciam como as pontas de uma coroa de espinhos ou as contas de um rosário, e dizia-me: " Vá embora, meu pobre filho, vá lá vestir-se para a missa ! E se encontrar a Françoise lá em baixo, diga-lhe que não se distraia com você e que suba depressa a ver se preciso de alguma coisa".

(*CCS* I, 48, 50, 51)

2. EULALIE

Eulalie era uma rapariga coxa, ativa e surda, que se "retirara" depois da morte da senhora de la Bretonnerie, em casa de quem tinha servido desde a infância. Tinha alugado um quarto ao lado da igreja, donde descia constantemente, quer para as cerimônias litúrgicas, quer, não havendo cerimônias, para rezar uma breve oração ou dar uma ajuda a Théodore; quanto ao resto do tempo, visitava pessoas doentes como a minha tia Léonie, a quem contava tudo o que se passava na missa ou nas vésperas. Não se fazia de rogada em acrescentar algum ganho extra à modesta pensão que recebia da família dos antigos patrões, tratando de vez em quando das roupas de casa do pároco ou de outra personalidade importante do meio clerical de Combray. Usava uma capa de pano preto e uma pequena touca branca, quase de religiosa, e uma doença de pele tingia-lhe parte da cara e o nariz recurvo de um rosa-vivo de balsamina.

(*CCS*, I, 68)

3. FRANÇOISE

Recuando a tempos mais antigos, a modéstia e a honradez que, tantas vezes, conferiam nobreza ao rosto da nossa velha criada, estendiam-se às roupas e ao chapéu que ela, mulher reservada mas sem servilismo, que sabe "pôr-se no seu lugar", voltara a usar para a viagem a fim de se apresentar condignamente em nossa companhia, sem, no entanto, pretender chamar as atenções. Françoise, com seu casaco de tecido puído cor de cereja e gola de peles, fazia lembrar uma daquelas imagens de Ana da Bretanha pintadas nos Livros de Horas por um velho mestre, essas imagens em que tudo está tão em seu devido lugar e em que o sentimento de conjunto é de tal forma igualmente repartido entre todas as partes, que a singularidade rica e antiquada das roupagens exprime a mesma gravidade piedosa que os olhos, os lábios e as mãos.

Não poderíamos falar de pensamento a propósito de Françoise. Ela não sabia nada, nesse sentido global em que o nada saber equivale a nada entender, excetuando as raras verdades que o coração é capaz de apreender diretamente. O mundo imenso das idéias não existia para ela e, no entanto, perante a claridade de seu olhar, perante os traços delicados do nariz e dos lábios, perante todos esses testemunhos ausentes em tantas pessoas cultas e nas quais teriam significado suprema distinção e o nobre desprendimento dos espíritos de eleição, ficávamos perturbados tal como diante do olhar inteligente e bom de um cão, a que, todavia, como é sabido, são alheios todos os conceitos dos homens, e poder-se-ia mesmo perguntar se não haverá entre outros irmãos humildes, os camponeses, criaturas que possamos considerar superiores no mundo dos simples de espírito, ou, melhor dizendo, que condenadas por um destino injusto a viver entre os simples de espírito, privadas da luz e, contudo, mais naturalmente, mais essencialmente próximas das naturezas de eleição do que a maioria das pessoas instruídas, são como membros dispersos e perdidos, privados de razão, da família sagrada, de parentes, criaturas estagnadas na infância, de inteligência superior, mas às quais – como transparece no clarão de seu olhar, impossível de ser ignorado, mas que, todavia, não se aplica a coisa alguma – para terem talento, apenas faltou o saber.

(*JFF*, II, 10-11)

Françoise sentiu a morte de Saint-Loup com mais pesar do que a de Albertine. Assumiu imediatamente o papel de carpideira, evocando a memória do falecido com lamentos fúnebres, trenos desesperados. Exibia seu desgosto, e apenas fazia uma expressão severa quando, e apesar dos meus esforços, virava a cabeça e surpreendia a minha, que ela fingia não ter visto. Porque, como muitas pessoas nervosas, o nervosismo dos outros, sem dúvida demasiado parecido com o dela, a horrorizava. Por essa altura, Françoise comprazia-se em fazer notar seus mais ligeiros torcicolos, ou vertigens, a mais pequena contusão. Mas se era eu que comentava algum dos meus males, de novo contida e estóica, aparentava que não ouvia.

(*TR*, IV, 427)

4. A "CARIDADE" DE GIOTTO

A criada de cozinha era uma pessoa moral, uma instituição permanente com funções imutáveis, as quais lhe asseguravam uma espécie de continuidade e de identidade através de uma sucessão de formas passageiras em que encarnava, porque, na verdade, nunca tivemos a mesma dois anos seguidos. Naquele ano em que comemos aspargos abundantemente, a criada de cozinha encarregada de os "pelar" era uma pobre criatura enfermiça, num estado de gravidez já muito avançado quando chegamos pela Páscoa, e era até de espantar que Françoise a deixasse fazer as compras e outras tarefas, uma vez que já dificilmente conseguia segurar diante dela a misteriosa cesta, mais cheia a cada dia que passava, e de que se adivinhava a forma avantajada sob as blusas largas que ela usava. Essas blusas lembravam as opalandas que cobrem certas figuras simbólicas de Giotto, de que o senhor Swann me tinha dado fotografias. Foi o próprio, aliás, quem chamou a nossa atenção para a semelhança, e, sempre que pedia notícias da criada, costumava dizer: "Como vai a 'Caridade' de Giotto?" Efetivamente, a pobre moça, inchada pela gravidez até a cara de bochechas descaídas e quadradas, lembrava muito aquelas virgens corpulentas e viris, ou melhor, matronas, que personificam as virtudes na Arena. E agora dou-me conta de que as Virtudes e os Vícios de Pádua se assemelhavam a ela ainda de uma outra maneira. Da mesma forma que a imagem daquela moça fora aumentada pelo símbolo acrescido que carregava diante do ventre, sem que ela parecesse compreender o respectivo significado, sem que nada em seu rosto revelasse qualquer beleza e espírito, apenas carregando um simples e pesado fardo, de igual modo a vigorosa "dona de casa" representada na Arena sob o nome de Caritas (cuja reprodução estava pendurada na parede do meu quarto de estudo, em Combray), encarna essa virtude sem parecer ter consciência disso, sem que jamais algum pensamento caridoso tenha transparecido em seu rosto enérgico e vulgar. Uma bela invenção do pintor representa-a calcando aos pés os tesouros terrenos, mas absolutamente da mesma maneira como se estivesse pisando uvas para lhes extrair o suco, ou melhor, como se se estivesse içando em cima de uns sacos para estender a Deus o seu coração inflamado; para ser mais preciso, ela "passa-lhe" o coração como uma cozinheira passa um saca-rolhas pelo respiradouro da cave a alguém que lho pede de uma janela do piso térreo. A Inveja, essa, ainda poderia ter uma certa expressão de inveja. Mas, também nesse afresco, o símbolo ocupa tanto espaço e é representado com tamanha realidade pela serpente que sibila entre os lábios da Inveja, uma serpente tão grossa que lhe enche por completo a boca escancarada e lhe distende os músculos do rosto como os de uma criança soprando um balão, que toda a atenção da Inveja – e simultaneamente a nossa – inteiramente concentrada em sua boca, nem dá azo a quaisquer pensamentos invejosos.

Apesar de toda a admiração que o senhor Swann professava por essas figuras de Giotto, durante muito tempo não senti o menor prazer em olhar as cópias que ele me trouxera e que tinham pendurado no nosso quarto de estudo: aquela Caridade sem caridade; aquela Inveja que mais parecia uma gravura de um livro de Medicina ilustrando a compressão da glote, ou da úvula, exercida por um tumor da língua ou pela introdução do instrumento do cirurgião; uma Justiça, cujo rosto acinzentado e de uma vulgaridade mesquinha era o mesmo que caracterizava certas belas burguesas de Combray, piedosas e secas, que eu via na missa, algumas das quais já predestinadas a fazer parte das milícias reservistas da Injustiça. Contudo, mais tarde, apercebi-me de que a estranheza cativante e a beleza singular daqueles afrescos decorriam do lugar excessivo ocupado pelo símbolo e do fato de o mesmo ser representado não como um símbolo – uma vez que o pensamento simbolizado não era expresso – mas como uma realidade verdadeiramente sofrida ou fisicamente manipulada; tal fato conferia ao significado da obra algo de mais literal e de mais preciso, e ao ensinamento transmitido algo de mais concreto e de mais tocante. Também no caso da pobre criada da cozinha, a atenção não se fixava no ventre pelo peso que o repuxava, da mesma maneira que, frequentemente, os pensamentos dos agonizantes se voltam para o lado efetivo, doloroso, obscuro, visceral, para esse reverso da morte, precisamente o lado que a morte lhes apresenta e que brutalmente lhes faz sentir, assemelhando-se muito mais a um fardo que os esmaga, a uma dificuldade em respirar, a uma necessidade de beber, do que àquilo a que chamamos a idéia da morte.

Aquelas Virtudes e aqueles Vícios de Pádua deviam conter mesmo muita realidade, já que, a mim, me pareciam tão vivos como a criada grávida, ela própria não menos alegórica. E talvez esta não-participação (pelo menos, aparente) da alma de um ser na virtude que age por seu intermédio, tenha também, para lá de seu valor estético, uma realidade se não psicológica, ao menos fisiognomônica, como se diz. Quando mais tarde, ao longo de minha vida, tive ocasião de conhecer, em conventos por exemplo, encarnações verdadeiramente santas da caridade ativa, essas tinham em geral aquele ar alegre, positivo, indiferente e brusco de um cirurgião apressado, esse rosto onde não transparece nenhuma comiseração, nenhum enternecimento perante o sofrimento humano, nenhum receio de o chocar, e que é, afinal, o rosto sem doçura, o rosto antipático e sublime da verdadeira bondade.

(*CCS*, I, 79, 80, 81)

5. LEGRANDIN

Muitas vezes, ao voltarmos da missa, encontrávamos o senhor Legrandin, que, retido em Paris pela sua profissão de engenheiro – e excetuando as férias grandes – apenas podia vir à sua propriedade de Combray de sábado à tarde até segunda-feira de manhã. Era um desses homens que, para além de uma carreira científica brilhantemente sucedida, possuem uma cultura em tudo diversa, literária e artística, que, embora não sendo utilizada na especialização profissional, beneficia grandemente a sua conversação. Mais letrados que muitos literatos (naquela época, não sabíamos que o senhor Legrandin chegara a gozar de uma certa reputação como escritor, e ficamos muito espantados ao saber que um músico de renome havia composto uma melodia para um de seus poemas), dotados de mais "facilidade" que muitos pintores, sentem que a vida que levam não é a que mais lhes teria agradado e desempenham as funções da profissão ora com uma despreocupação matizada de fantasia, ora com uma dedicação constante e altiva, desdenhosa, amarga e conscienciosa. Alto, de bela figura, rosto fino e pensativo de longos bigodes louros, de olhar azul e desencantado, de uma educação refinada, um conversador como nunca tínhamos ouvido, era aos olhos da minha família – que o citava sempre como exemplo – o tipo de homem de escol, vivendo a vida da maneira mais nobre e agradável. Minha avó somente o criticava por falar um pouco bem demais, como um livro, por não se expressar com a mesma naturalidade que víamos nas suas gravatas *lavallière*, sempre flutuando, ou em seu jaquetão de corte direito, quase de colegial. A minha avó também se espantava com as invectivas inflamadas em que o senhor Legrandin freqüentemente se lançava contra a aristocracia, a vida mundana e o esnobismo, "decerto aquele pecado que São Paulo tem em mente, quando fala do pecado sem perdão".

(*CCS*, I, 66-67)

À saída da igreja, o senhor Legrandin tinha passado por nós caminhando ao lado de uma fidalga das redondezas, que apenas conhecíamos de vista. Dada a circunstância, meu pai dirigira-lhe um cumprimento amistoso e discreto, sem que nos detivéssemos; o senhor Legrandin mal tinha respondido, fazendo um ar de espanto como se não nos tivesse reconhecido e com esse ângulo do olhar próprio das pessoas que não querem ser amáveis, e que, do fundo subitamente ainda mais longínquo de seus olhos, parecem enxergar-nos no final de uma estrada interminável, a uma tão grande distância que se limitam a fazer um aceno minúsculo, proporcional à nossa dimensão de marionetes.

(*ibidem*, I, 118)

O rosto de Legrandin exprimia uma animação e uma deferência extraordinárias; curvou-se numa profunda reverência com uma segunda inflexão para trás que lhe inclinou bruscamente o tronco para além de sua posição inicial, saudação que devia ter aprendido com o marido da irmã, a senhora de Cambremer. Aquele rápido endireitar fez recuar, numa espécie de onda impetuosa e musculada, as ancas de Legrandin, que eu não supunha tão avantajadas; e, nem sei bem por que, essa ondulação de matéria pura, essa vaga apenas carnal, sem expressão de espiritualidade e que uma solicitude cheia de baixeza fustigava violentamente, despertaram repentinamente no meu espírito a possibilidade de um Legrandin muito diferente daquele que conhecíamos. A senhora pediu-lhe que fosse dizer qualquer coisa ao cocheiro, e, enquanto se dirigia para a carruagem, ainda levava na fisionomia a marca de alegria tímida e devotada que a apresentação aí lhe depositara. Sorria, enlevado numa espécie de sonho, voltando de seguida para junto da dama; e porque caminhava mais depressa do que era seu hábito, os ombros oscilavam de um lado para o outro de forma ridícula. Assim tão completamente embevecido e tão alheio a tudo o mais, Legrandin era a imagem do joguete inerte e mecânico da felicidade. Todavia, como nós íamos saindo do pórtico e, forçosamente, passaríamos a seu lado, ele, demasiado bem-educado para virar a cabeça, fixou o olhar subitamente carregado de um profundo devaneio num ponto tão distante do horizonte que não nos podia ver e, consequentemente, não teve que nos cumprimentar. O rosto sobre o jaquetão folgado e direito mantinha a expressão de ingenuidade como se ele se sentisse deslocado, contra sua vontade, no meio de um luxo detestado. E uma gravata *lavallière* de pintinhas, agitada pelo vento da praça, continuava a flutuar em volta dele como o estandarte do seu orgulhoso isolamento e da sua nobre independência. Mal entramos em casa, a minha mãe deu-se conta de que tínhamos esquecido o bolo de creme *saint-honoré* e pediu a meu pai que fosse comigo providenciar para que o trouxessem imediatamente. Perto da igreja, cruzamos novamente com Legrandin, que vinha em sentido contrário, acompanhando a mesma senhora até a carruagem. Ao passar por nós sem interromper o que estava dizendo a sua acompanhante, dirigiu-nos um pequeno sinal pelo canto do olho azul, que de algum modo parecia provir do interior das pálpebras e que, não interferindo com os músculos do rosto, pôde passar perfeitamente despercebido à sua interlocutora; mas, procurando compensar pela intensidade do sentimento a estreiteza do campo em que circunscrevia a expressão, aquele canto de azul-celeste que nos era dedicado, nele fez cintilar todo o empenho da afabilidade que ultrapassou a jovialidade e sublinhou a malícia; refinou as sutilezas da amabilidade até as piscadelas da conivência, as meias-palavras, aos subentendidos, aos mistérios da cumplicidade; e, por fim, exaltou as garantias de amizade até aos protestos de ternura, até à declaração de amor, iluminando então, e para nós somente, com uma languidez secreta e invisível para a fidalga, uma pupila enamorada num rosto de gelo.

(*ibidem*, I, 123-124)

(...) Escutava as palavras do senhor Legrandin que me pareciam sempre tão agradáveis; mas, perturbado pela recordação de uma mulher que tinha visto pela primeira vez recentemente, e pensando, agora que sabia que Legrandin se relacionava com diversas personalidades da aristocracia dos arredores, que talvez a conhecesse, ganhei coragem e perguntei: " O senhor conhece a... as fidalgas de Guermantes?", também feliz porque, pronunciando aquele nome, adquiria sobre ele uma espécie de poder pelo simples fato de o fazer sair de meu sonho e lhe dar uma existência objetiva e sonora.

Porém, ao nome de Guermantes, vi que bem no meio dos olhos azuis do nosso amigo se cravava uma pequena incisão castanha como se acabassem de ser trespassados por um espigão invisível, enquanto que o resto da pupila reagia excretando ondas de azul-celeste. As olheiras escureceram, se afundaram. Mas a boca, marcada por um vinco de amargura, se recompôs mais depressa e sorriu, ao passo que no olhar persistia a dor, como o olhar de um belo mártir com o corpo cravejado de flechas. "Não, não conheço", disse ele, mas em vez de dar a uma informação tão simples, a uma resposta tão banal, o tom natural e vulgar que seria o adequado, debitou-a acentuando as palavras, inclinando-se, abanando a cabeça, usando simultaneamente essa entoação insistente que se põe numa afirmação inverossímil para que pareça crível – como se o fato de não conhecer os Guermantes só pudesse ser conseqüência de um acaso invulgar – e também com a ênfase de alguém que, não podendo calar uma situação que lhe é penosa, prefere anunciá-la para dar aos outros a idéia de que uma tal confissão não lhe causa nenhum embaraço, que é fácil, agradável e espontânea, e que a situação em si – a ausência de relações com os Guermantes – poderia ser não imposta e sofrida, mas uma situação desejada por ele, resultante de alguma tradição de família, de um princípio de moral ou voto místico que, nomeadamente, proibisse a convivência com os Guermantes. "Não", continuou ele, explicitando por palavras a entoação, "não conheço, nunca quis conhecer, sempre fiz questão de salvaguardar a minha independência. No fundo, como você sabe, sou um jacobino. Muitas pessoas pretenderam interferir, dizendo-me que fazia mal em não ir a Guermantes, que estava dando a impressão de um grosseiro, de um velho urso."

(*ibidem*, I, 125-126)

E se eu perguntava: "O senhor conhece os Guermantes?", Legrandin, o conversador, respondia: "Não, nunca quis conhecê-los." Infelizmente, esta resposta vinha em segundo lugar, porque um outro Legrandin que ele escondia cuidadosamente no seu íntimo, que ele não mostrava, porque esse Legrandin conhecia bem o nosso, o seu esnobismo, histórias comprometedoras, esse outro Legrandin já tinha respondido antes com a ferida do olhar, com o ricto da boca, com a gravidade excessiva do tom da resposta, com as mil flechas que, por momentos, haviam trespassado e enfraquecido o nosso Legrandin, qual um São Sebastião do esnobismo: "Ah, como você me faz sofrer! Mas não, não conheço os Guermantes e não me venha reacender a grande dor de minha vida." E, dado que esse Legrandin *enfant terrible*, esse Legrandin palavroso e chantagista, embora não possuísse a fina eloqüência do outro, tinha, porém, o discurso infinitamente mais pronto, composto do que chamam "reflexos", quando Legrandin, o conversador, lhe queria impor silêncio, já o outro dissera tudo e o nosso amigo, por mais consternado que ficasse com a má impressão que as revelações de seu *alter ego* pudessem produzir, nada mais podia fazer senão procurar atenuá-la.

(*ibidem*, I, 127)

– Ah!, então o senhor conhece alguém em Balbec? – perguntou meu pai. – É que, justamente, aqui este rapaz vai lá passar dois meses com a avó e, talvez, também com minha mulher.

Legrandin, apanhado desprevenido pela pergunta num momento em que tinha os olhos fitos em meu pai, não os pôde desviar, mas – e fazendo um sorriso triste – fixou os ainda mais intensamente nos do seu interlocutor com essa expressão de amizade e de franqueza, e de quem não receia olhar de frente, parecendo que olhava através do seu rosto, como se este se tivesse tornado transparente, e que via muito para além dele, lá ao fundo, uma nuvem de cores vivas que lhe fornecia o álibi mental que lhe permitiria assegurar que, nesse instante em que lhe tinham perguntado se conhecia alguém em Balbec, ele estava pensando em outra coisa e não tinha ouvido a pergunta. Habitualmente, esse tipo de olhar suscita no interlocutor a pergunta: "Então, em que está pensando?" Mas meu pai, curioso, irritado e cruel, insistiu :

– Visto que o senhor conhece tão bem Balbec, não terá amigos por aqueles lados?

Num último esforço desesperado, o olhar sorridente de Legrandin atingiu o auge da ternura, do vazio, da sinceridade e da distração, mas, decerto concluindo que teria de responder, acabou dizendo :

– Tenho amigos em todo o lado onde haja exércitos de árvores feridas, mas não vencidas, reunidas para implorarem em conjunto, com uma obstinação patética, um céu inclemente que não tem piedade delas.

– Não foi isso que quis dizer – interrompeu meu pai, tão obstinado como as árvores e tão impiedoso como o céu. – O que lhe perguntei, para o caso de suceder alguma coisa a minha sogra e para que ela não se sinta como que desterrada num lugar perdido, foi se o senhor não conheceria lá pessoas.

– Lá, como em toda a parte, conheço toda a gente e não conheço ninguém – respondeu Legrandin, que não se rendia assim tão facilmente. – Muito as coisas e muito pouco as pessoas.

(*ibidem*, I, 129-130)

(...) A princesa mandou chamar Legrandin imediatamente. Desde há algum tempo que este tinha mudado fisicamente, e bastante para melhor. Tal como algumas mulheres que, sem hesitar, sacrificam o rosto em favor de uma figura esbelta e não saem mais das termas de Marienbad, Legrandin tinha agora o aspecto desenvolto de um oficial de cavalaria. À medida que o senhor de Charlus ia ficando mais pesado e lento, Legrandin tornara-se mais esguio e mais ágil de movimentos, efeito contrário de uma mesma causa. Essa agilidade tinha, aliás, razões psicológicas. Legrandin habituara-se a freqüentar certos lugares de fama duvidosa, em que ele não gostava de ser visto a entrar, ou a sair, onde se sumia. (...) (...)

(*AD*, IV, 244)

Existiam homens que sabia serem parentes de outros sem nunca ter pensado que tivessem um traço comum: admirando o velho eremita de cabelos brancos em que se tinha tornado Legrandin, de repente constatei, posso dizer que descobri com uma satisfação de zoólogo, na parte mais larga das faces, a construção das do seu jovem sobrinho, Léonor de Cambremer, que todavia em nada com ele se parecia; a este primeiro traço comum acrescentei um outro que não tinha observado em Léonor de Cambremer, depois outros e que não eram nenhum dos que habitualmente me oferecia a síntese da sua juventude, de modo que rapidamente tive dele como uma caricatura mais verdadeira, mais profunda, do que se fosse literalmente parecida; o seu tio parecia-me agora apenas o jovem Cambremer, tendo tomado, para se divertir, as aparências do velho que na realidade seria um dia, se bem que não era somente aquilo em que se tinham tornado os jovens de outro tempo, mas aquilo em que se tornariam os jovens de hoje, que me dava com tanta força a sensação do tempo.

(*TR*, IV, 520-521)

Se algumas mulheres confessavam a sua velhice maquiando-se, esta era, pelo contrário, visível pela ausência de pintura em certos homens em cujos rostos eu nunca a havia notado expressamente, mas que, em todo caso, me pareciam bastante mudados desde que, desistindo de tentar agradar, tinham deixado de a usar. Legrandin era um desses homens. A supressão do tom rosado dos lábios e das faces, que eu nunca suspeitara que fosse artificial, dava às suas feições a aparência macilenta e também a precisão lapidar dos traços alongados e melancólicos de certos deuses egípcios. Deuses? Deveria dizer fantasmas. Ele não só perdera a coragem de se pintar, como também de sorrir, de fazer cintilar o seu olhar, de manter conversas engenhosas. Era de espantar vê-lo tão pálido e abatido, apenas pronunciando raras palavras, tão insignificantes como as proferidas pelos mortos que se invocam. Interrogávamo-nos sobre a causa que o impedia de ser enérgico, eloqüente e encantador, da mesma forma que podíamos interrogar o "duplo" insignificante de um homem brilhante em sua vida, ao qual um espírita coloca questões que se prestariam a desenvolvimentos fascinantes. E concluíamos que a causa da substituição de um Legrandin cheio de cor e vivacidade por esse fantasma de Legrandin, anêmico e ausente, era a velhice.

(*TR*, IV, 513-514)

II

SWANN

6. CHARLES SWANN

Ficávamos todos ávidos para ouvir as notícias do 'inimigo' que a minha avó nos ia trazer, como se pudéssemos hesitar entre um grande número de possíveis assaltantes, e pouco depois meu avô dizia: "Reconheço a voz de Swann". A verdade é que não o podíamos reconhecer a não ser pela voz, pois mal distinguíamos o seu rosto de nariz adunco, de olhos verdes sob uma testa alta emoldurada de cabelos louros, quase ruivos, penteados à moda de Bressant, porque a iluminação do jardim era a mínima possível de forma a não atrair os mosquitos. Era então que, disfarçadamente, eu ia pedir que trouxessem os refrescos; a minha avó dava grande importância a esse detalhe, pois achava muito mais simpático que não parecesse que as bebidas eram servidas como coisa excepcional, só porque tínhamos visitas.

(*CCS*, I, 14)

Fazia já muito tempo que não via Swann, e por um instante pareceu-me que, noutros tempos, ele não usava bigode, que tinha o cabelo cortado em escova, porque lhe achava qualquer coisa de mudado; simplesmente sucedia que ele estava, de fato, muito "mudado" porque se encontrava bastante doente, e a doença provoca num rosto modificações tão profundas como deixar crescer a barba ou mudar o lugar da risca no cabelo. (A doença de Swann era a mesma que levara sua mãe, e que a atingira precisamente na idade que ele tinha. Com efeito, em razão da hereditariedade, as nossas vidas são tão avassaladas por números cabalísticos e por destinos traçados como se na realidade existissem bruxas. E se é certo que para a vida humana, em geral, há uma determinada duração, também para as famílias, em particular, há uma que lhes é própria, isto é, para os membros de cada família que se assemelham). Swann estava vestido com uma elegância que, como a de sua mulher, associava ao que ele era o que tinha sido. Apertado numa sobrecasaca cinza-pérola, que lhe valorizava o porte alto e esguio, de luvas brancas listradas de preto trazia uma cartola cinzenta de forma *evasée*, que Delion já só fazia para ele, para o príncipe de Sagan, para o senhor de Charlus, para o marquês de Modena, para o senhor Charles Haas e para o conde Louis de Turenne.

(*CG,* II, 866)

De modo que, sem me ter reconhecido, o cumprimento de Swann, esse velho *clubman*, não foi a saudação fria e rígida do homem mundano, puramente formalista, mas uma saudação verdadeiramente calorosa e amigável, como a da duquesa de Guermantes, por exemplo (que, se nos encontrava, chegava ao ponto de fazer logo um sorriso, ainda antes de a cumprimentarmos), em contraste com a forma maquinal de cumprimentar, habitual nas senhoras do *faubourg* Saint-Germain. Era assim também que o seu chapéu – que, conforme um costume que tendia a desaparecer, ele pousava no chão a seu lado – era forrado de couro verde, o que era invulgar, porque (como ele dizia) se sujava muito menos, quando, na verdade, era porque ficava muito melhor.

(*ibidem*, II, 867)

E foi com uma estupefação a raiar a indelicadeza, onde havia um pouco de curiosidade indiscreta e mórbida, com um recolhimento a um tempo calmo e preocupado (um misto de *suave mari magno* e de *memento quia pulvis*, como diria Robert), que todos os olhares se fixaram naquele rosto de faces corroídas pela doença, como uma lua minguante, faces que, salvo se vistas de um determinado ângulo – sem dúvida aquele do qual Swann se via – se transformavam repentinamente num cenário sem consistência a que apenas uma ilusão de óptica poderia acrescentar uma aparência de espessura. Fosse pela ausência das faces, que já lá não estavam para lhe reduzir o tamanho, fosse porque a arterosclerose, que é igualmente uma intoxicação, o avermelhara como o teria feito o alcoolismo, ou o deformara como o teria feito a morfina, a verdade é que o nariz de polichinelo de Swann, durante tantos anos absorvido num rosto agradável, parecia agora enorme, tumefacto e carmesim, mais um nariz de velho hebreu do que o de um curioso Valois. Aliás, naqueles últimos dias, o tipo físico característico da sua raça reaparecia talvez mais vincado, juntamente com um sentimento de solidariedade moral para com os outros judeus, uma solidariedade que Swann ignorara toda a vida, mas que a doença mortal, o 'caso Dreyfus' e a propaganda antisemita, em conjunto, haviam despertado.

(*SG*, III, 89)

É que existe na verdadeira fadiga, sobretudo em pessoas nervosas, uma parte que depende da atenção e que apenas subsiste na memória. De repente, ficamos cansados somente porque receamos ficar cansados, e para nos refazermos da fadiga basta que a esqueçamos. Swann não era, certamente, um desses infatigáveis exaustos que, chegando desfeitos, definhados e mal se tendo de pé, acabam por se reanimar com a conversação como uma flor na água, e que durante horas conseguem retirar das suas próprias palavras as forças que, infelizmente, não transmitem a quem os escuta, parecendo estes últimos mais e mais abatidos à medida que o orador se sente mais desperto. Todavia, Swann pertencia a essa forte raça judaica, plena de energia vital e de uma resistência à morte de que os próprios indivíduos parecem fazer parte. Sofrendo cada um de doenças particulares, tal como a raça, ela mesma, sofre de perseguição, debatem-se indefinidamente em agonias terríveis que podem prolongar-se para além de um limite inacreditável, quando já mais não se vê que uma barba de profeta e um nariz imenso que se dilata para aspirar os últimos sopros de vida, antes da hora das preces rituais que dá início ao desfile pontual de parentes afastados, avançando mecanicamente em fila como num friso assírio.

Fomo-nos sentar, mas antes de se afastar do grupo formado pelo senhor de Charlus, os dois jovens Surgis e a mãe destes, Swann não deixou de fixar no corpete da senhora um demorado olhar de conhecedor, dilatado e concupiscente. Colocou o monóculo para ver melhor e, enquanto falava, ia olhando de vez em quando na direção da referida dama.

(*ibidem*, III, 103)

(...) Mas praticamente sem disfarçar, ou porque a idade avançada lhe teria levado ou a vontade moral, por indiferença pela opinião alheia, ou o poder físico, por exaltação do desejo e enfraquecimento dos recursos que ajudam a ocultá-lo, assim que Swann apertou a mão da marquesa e lhe viu o colo de perto e de cima, mergulhou um olhar atento, sério, absorto e compenetrado nas profundezas do corpete, e as suas narinas, inebriadas pelo perfume da mulher, fremiram como as asas de uma borboleta pronta a pousar na flor vislumbrada. Bruscamente, libertou-se da vertigem que o tomara e a própria senhora de Surgis, embora perturbada, abafou um suspiro fundo, tão contagioso é por vezes o desejo.

(*ibidem*, III, 106)

7. ODETTE

Em cima da mesa, havia o mesmo prato com biscoitos de amêndoa do costume, e meu tio usava a blusa *vareuse* de todos os dias, mas, em frente dele, de vestido de seda cor-de-rosa e um grande colar de pérolas, estava sentada uma mulher jovem que acabava de comer uma tangerina. A incerteza de como deveria tratá-la, se por "senhora" ou por "senhorita", fez-me corar e, evitando olhar em sua direção com receio de ter de lhe falar, fui beijar meu tio. Ela olhava-me sorrindo e o tio apresentou: "Meu sobrinho", sem acrescentar o meu nome, nem me dizer o dela, decerto porque, depois dos aborrecimentos que tivera com o meu avô, tentava evitar tanto quanto possível qualquer aproximação entre a família e aquele gênero de amizades.

(*CCS,* I, 75)

Estava um tanto decepcionado porque aquela jovem dama não era muito diferente de outras mulheres bonitas que já vira algumas vezes no nosso círculo familiar, notadamente a filha de um dos nossos primos à casa de quem ia todos os anos no dia primeiro de janeiro. Somente mais bem vestida, a amiga de meu tio tinha o mesmo olhar vivo e bondoso, as mesmas maneiras francas e amistosas. Nada lhe encontrava desse aspecto teatral que admirava nas fotografias de atrizes, nem tão pouco da expressão diabólica que seria consentânea com a vida que devia levar. Até me custava acreditar que fosse uma *cocotte* e, sobretudo, uma *cocotte* de luxo, se não tivesse visto a carruagem de dois cavalos, o vestido de seda cor-de-rosa e o colar de pérolas, se não soubesse que meu tio só conhecia cortesãs da mais alta categoria.

(*ibidem*, I, 76)

Mas enquanto cada uma dessas ligações, ou flertes, fora a realização mais ou menos completa de um sonho nascido da visão de um rosto ou de um corpo que, espontaneamente, sem esforço, Swann achara sedutores, pelo contrário, quando um dia, no teatro, foi apresentado a Odette de Crécy por um de seus amigos de outros tempos – que lhe falara dela como sendo uma mulher encantadora com quem ele talvez se pudesse relacionar, mas insinuando que ela seria mais difícil do que na realidade era com o propósito de valorizar a amabilidade de seu próprio gesto ao apresentá-la – Swann achou-a certamente não destituída de beleza, mas de um tipo de beleza que lhe era indiferente, que não lhe inspirava nenhum desejo, que lhe causava até uma espécie de repulsa física, uma dessas mulheres como todos têm, diferentes para cada um, e que são o oposto do tipo que os nossos sentidos reclamam. Para seu gosto, ela tinha um perfil demasiado acentuado, a pele demasiado frágil, as maçãs do rosto demasiado salientes, os traços demasiado fatigados. Os olhos eram belos, mas tão grandes que pareciam descair sob o próprio peso, sobrecarregando o resto da cara e dando-lhe um aspecto permanentemente enfermiço ou mal-humorado.

(*CCS*, I, 192-193)

Odette de Crécy voltou a ver Swann, e depois as visitas tornaramse mais freqüentes; porém, era certo que cada uma renovava a decepção que ele sentia ao reencontrar esse rosto cujas particularidades já tinha, entretanto, quase esquecido; não recordava que fosse tão expressivo, nem tão murcho, apesar da juventude. Lamentava, enquanto iam conversando, que a grande beleza dela não fosse do gênero que o atraía espontaneamente. Aliás, cumpre dizer que o rosto de Odette parecia mais magro e mais proeminente porque a testa e a parte superior das faces, essa superfície unida e mais plana, se achava encoberta pela massa de cabelo que, nessa época, se usava armado no alto com tufos postiços e prolongado em "proas" sobre a testa, caindo uma parte em madeixas desordenadas ao longo das orelhas. Quanto ao corpo, admiravelmente proporcionado, era difícil adivinhar-lhe os contornos (por causa das modas desse tempo, e muito embora ela fosse uma das mulheres mais bem-vestidas de Paris), de tal forma o corpete, formando uma saliência sobre um ventre imaginário e terminando abruptamente em ponta, a partir do qual se enfunavam em balão as saias sobrepostas, dava às mulheres o aspecto de serem compostas por peças separadas e mal encaixadas umas nas outras. Os plissados, os folhos e o colete seguiam em total independência, consoante a fantasia do modelo ou a consistência do tecido, e a linha que os conduzia aos laços, aos tufos de rendas e às franjas de azeviche perpendiculares, ou que os dirigia ao longo das barbatanas, sem nunca se moldarem minimamente ao ser vivo, que, consoante a arquitetura de todos esses enfeites e berloques se aproximava ou se afastava demasiado de sua própria arquitetura, ora aí ficando apertado, ora perdido.

(*ibidem*, I, 194)

Odette estava um pouco adoentada; recebeu-o em roupão de crepe da China cor de malva, aconchegando ao peito, como uma echarpe, um tecido ricamente bordado. De pé, ao lado dele, com a cabeça inclinada e os cabelos soltos caídos ao longo das faces, fletindo uma perna como num suave passo de dança para se curvar, sem se fatigar, sobre a gravura que observava com seus grandes olhos, tão fatigados e mortiços quando não se sentia animada, impressionou vivamente Swann pela semelhança com aquela figura de Séfora, a filha de Jetro, representada num afresco da Capela Sistina.

(*ibidem*, I, 219)

Seja como for – e talvez pela plenitude de impressões que ele vinha sentindo desde há algum tempo, a qual, embora resultando sobretudo do amor pela música, tinha igualmente enriquecido seu gosto pela pintura – o prazer, que iria exercer em Swann uma influência duradoura, foi mais profundo e muito para além daquele que sentiu momentaneamente ao descobrir a semelhança de Odette com a Séfora desse Sandro di Mariano, mais conhecido pelo apelido popular de

Botticelli desde que este nome passou a evocar, em vez da verdadeira obra do pintor, a idéia banal e falsa que dela se vulgarizou. Swann não mais apreciou o rosto de Odette pelo aspecto, melhor ou pior, de suas faces ou pela doçura da carne que supunha que sentiria ao aflorá-las com os lábios, se alguma vez ousasse beijá-la, mas como um novelo de linhas belas e sutis que seus olhares iam desenrolando, contornando a curva da espiral, unindo a cadência da nuca ao derramar do cabelo e à prega das pálpebras, como num retrato que tornasse o seu tipo nítido e inteligível.

Ele olhava-a e um fragmento do afresco surgia no seu rosto e no seu corpo; a partir daí Swann continuou a procurar num e noutro esses fragmentos, quer estivesse junto de Odette, quer quando apenas pensava nela; e, apesar de não gostar particularmente da obra-prima florentina a não ser pelo fato de a redescobrir em Odette, essa semelhança, todavia, acabava também por lhe conferir uma certa beleza, por torná-la mais preciosa. Swann censurou-se por ter menosprezado o valor de uma criatura que teria parecido adorável ao grande Sandro, e congratulou-se pelo fato de o prazer que tinha em ver Odette tivesse uma justificação em sua própria cultura estética. Dizia para consigo que, ao associar o pensamento de Odette aos seus sonhos de felicidade, não se resignava a um recurso tão imperfeito como supusera até então, pois que ela lhe satisfazia os seus gostos artísticos mais requintados. Por essa razão, esquecia que Odette não era uma mulher conforme aos seus desejos, porque precisamente os seus desejos haviam sido sempre orientados no sentido oposto das suas preferências estéticas. A expressão "obra florentina" prestou a Swann um serviço inestimável. Tal como um título, permitiu-lhe incluir a imagem de Odette num mundo de sonhos, a que ela não tivera acesso até esse momento, aí permanecendo impregnada de nobreza. E ao passo que a percepção puramente carnal que tivera daquela mulher, renovando continuadamente suas dúvidas a respeito das qualidades do rosto, do corpo e de toda sua beleza, enfraquecia o sentimento amoroso, essas dúvidas foram destruídas e o sentimento amoroso assegurado, quando se fundamentou em dados de uma estética indiscutível; sem contar que o beijo e a posse – que considerava naturais e medíocres se fossem concedidos por um corpo arruinado – ao virem coroar a adoração de uma peça de museu, lhe pareciam agora sobrenaturais e deliciosos.

E quando se sentia tentado a lamentar que, nos últimos meses, não tivesse feito mais nada senão ver Odette, dizia para consigo que era razoável dedicar tanto do seu tempo a uma obra-prima inestimável, moldada agora em uma matéria diferente e particularmente saborosa, em um exemplar raríssimo que ele contemplava ora com a humildade, a espiritualidade e o desinteresse de um artista, ora com o orgulho, o egoísmo e a sensualidade de um colecionador. Em lugar de uma fotografia de Odette, Swann colocou na sua mesa de trabalho uma reprodução da filha de Jetro. Admirava os grandes olhos, o rosto delicado que deixava adivinhar as imperfeições da pele, os maravilhosos anéis de cabelo caindo ao longo das feições fatigadas; e adaptando o que até então considerava belo de um ponto de vista estético à imagem de uma mulher bem real, transformava esse ideal de beleza em méritos físicos que se regozijava de ver reunidos numa pessoa que poderia possuir. Essa vaga simpatia que nos impele para uma obra-prima que contemplamos, agora que conhecia o original em carne e osso da filha de Jetro, tornava-se um desejo que doravante supria aquele que, de início, o corpo de Odette não lhe havia inspirado. Depois de contemplar longamente esse Botticelli, pensava no "seu Botticelli" que considerava ainda mais belo e, apertando contra si a reprodução de Séfora, imaginava que abraçava Odette contra o coração.

(*ibidem*, I, 220-222)

Swann passou a outra mão ao longo da face de Odette; ela olhou-o fixamente com esse ar lânguido e grave das figuras femininas do mestre florentino com as quais ele lhe achava semelhança; à beira das pálpebras, seus olhos brilhantes, grandes e rasgados, como os daquelas, pareciam prestes a desprender-se tal como duas lágrimas. Curvava o pescoço como o fazem todas, tanto em cenas pagãs como em quadros religiosos. E numa atitude que lhe era sem dúvida habitual, que ela sabia apropriada a esses momentos e que procurava não se esquecer de tomar, parecia recorrer a toda sua força para manter o rosto afastado, como se contrariasse uma força invisível que o atraía para Swann. E foi Swann, antes que ela cedesse e inclinasse o rosto, como sem querer, sobre os lábios dele, que lho reteve por instantes a alguma distância, entre suas mãos. Queria dar-lhe tempo para que o pensamento dela despertasse e reconhecesse o sonho que ela havia acalentado durante tanto tempo, para que assistisse a sua concretização, como uma parente que chamamos para partilhar de algum bom acontecimento de uma criança muito amada. Talvez Swann desejasse, também, fixar no rosto de Odette, que ainda não possuíra, e nem sequer beijara, um rosto que ele via pela última vez, esse olhar com que, na hora da partida, pretendemos levar conosco uma paisagem que vamos deixar para sempre.

(*ibidem,* I, 229-230)

Odette assistira impassível à cena, mas quando a porta se fechou sobre Saniette, a sua expressão habitual foi descendo vários graus até ficar em plano de igualdade com Forcheville no que toca a baixeza; as pupilas brilharam-lhe num sorriso sorrateiro de felicitações pela audácia que ele tivera e de ironia para com a sua vítima; ela lançara-lhe um olhar de cumplicidade malévola, que parecia dizer com muita clareza : "Ou muito me engano, ou foi uma verdadeira execução. Reparou naquele ar humilhado? Saiu chorando", que Forcheville, ao encontrar esse olhar, se libertou subitamente da cólera, ou da simulação de cólera que ainda o acalorava, e disse sorrindo:

– Se tivesse sido mais amável, ainda aqui estaria. Uma boa reprimenda é sempre útil em qualquer idade.

(*ibidem*, I, 272-273)

... eu via – ou, antes, sentia a sua forma imprimir-se no meu coração por uma chaga nítida que me consumia – uma incomparável vitória, cujo desenho, um pouco alto, fazia lembrar através de seu luxo *dernier cri* os antigos modelos, e no interior, reclinada em pose de abandono, a senhora Swann, com os cabelos, agora louros com uma única madeixa grisalha, apanhados por uma estreita faixa de flores, na maioria das vezes violetas, donde pendiam longos véus, na mão uma sombrinha cor de malva, nos lábios um sorriso ambíguo em que eu não descortinava senão a benevolência majestosa de uma rainha, mas em que havia sobretudo a provocação da *cocotte*, e que ela dirigia às pessoas que a cumprimentavam. Na realidade, esse sorriso dizia a uns: "Lembro-me muito bem, foi delicioso!"; a outros : "Como eu teria gostado! Foi pouca sorte!", e ainda a outros: "Se você quiser! Vou ter de seguir a fila ainda mais um pouco, mas viro logo que puder." Quando passavam desconhecidos, deixava pairar em torno dos lábios um sorriso ausente, como que centrado na espera ou na recordação de um amigo, e que suscitava o comentário: "Ah, como é bela!". E somente para certos homens fazia um sorriso azedo, constrangido, tímido e frio, que significava: "Pois sim, meu patife, eu bem sei que você tem uma língua viperina, que você não consegue calar essa boca! Porventura eu falo a seu respeito?"

(*ibidem*, 411-412)

Não era apenas a decoração do salão de Odette, era a própria Odette que a Senhora Cottard e todos os que freqüentaram a Senhora de Crécy teriam tido dificuldade de reconhecer, se não a vissem há muito tempo. Ela parecia ter tantos anos a menos que outrora! Sem dúvida, isso devia-se, em parte, ao fato de que engordara e ficara com melhor aspecto, com um ar mais calmo, fresco e repousado, e, em parte, ao efeito dos novos penteados, de cabelos lisos, que davam uma extensão maior ao seu rosto animado que um pó cor-de-rosa animava e onde seus olhos e seu perfil, antes demasiado salientes, pareciam agora absorvidos. Mas uma outra razão desta mudança consistia em que, chegada ao meio de sua vida, Odette enfim descobrira ou inventara uma fisionomia pessoal, um "caráter" imutável, um "gênero de beleza" e sobre os seus traços descosidos – que durante tanto tempo, deixados aos caprichos incertos e impotentes da carne, adquirindo à menor fadiga por um instante vários anos, uma espécie de velhice passageira, tinham-lhe composto, de alguma forma, de acordo com o seu humor e a sua expressão, um rosto esparso, inconstante, informe e encantador – tinha aplicado este tipo fixo, como uma juventude imortal.

(*JFF*, I, 606)

Em lugar das belas fotografias que agora faziam de sua mulher, onde a mesma expressão enigmática e vitoriosa, fossem quais fossem o vestido e o chapéu, revelava uma silhueta e um rosto triunfantes, Swann tinha no quarto um pequeno daguerreótipo antigo, muito simples, anterior à imagem atual, e do qual a juventude e a beleza de Odette – que, então, ela ainda não descobrira – pareciam ausentes. Mas fiel, ou regressado a uma outra concepção, o que sem dúvida Swann mais apreciava nessa mulher jovem e franzina, de olhos pensativos e traços fatigados, numa atitude suspensa entre o andar e a imobilidade, era a sua graciosidade "botticelliana". Efetivamente, ele ainda gostava de ver na mulher um "Botticelli". Em contrapartida, Odette nem queria ouvir falar do pintor, e não tinha nenhuma vontade de realçar – procurando, pelo contrário, corrigir e dissimular – o que não lhe agradava na sua pessoa, tudo aquilo que para um artista talvez fosse o seu "caráter", mas que, como mulher, ela considerava defeitos. Swann tinha comprado uma maravilhosa echarpe oriental, azul e rosa, por ser idêntica à da Virgem do *Magnificat*, mas a senhora Swann recusava-se a usá-la. Uma vez, somente, deixou que o marido lhe encomendasse uma *toilette* inteiramente constelada de margaridas, centáureas, miosótis e lírios-do-vale, como a da personagem pintada na *Primavera*. Por vezes, ao serão, quando a mulher já se sentia fatigada, Swann fazia-me notar em voz baixa o modo como, sem se dar conta, ela dava às mãos pensativas esse movimento apenas esboçado, um pouco atormentado da Virgem, quando mergulha a pena no tinteiro estendido pelo anjo, antes de escrever no livro santo, onde já se encontra traçada a palavra "Magnificat". E acrescentava:

– Mas não lhe diga nada, pois bastaria que ela o soubesse para agir de outra maneira.

(*ibidem*, I, 606-607)

Essa aquarela era o retrato de uma jovem, nada bonita mas de um tipo interessante, de cabeça coberta por um gorro semelhante a um chapéu-coco debruado por uma fita de seda cor de cereja; usava meias-luvas e com uma das mãos segurava um cigarro aceso, enquanto a outra levantava à altura do joelho uma espécie de chapéu largo de jardim, um simples abrigo de palha contra o sol. A seu lado, uma floreira com rosas em cima de uma mesa. Freqüentemente – e era esse o caso – a singularidade de uma obra prende-se acima de tudo às condições particulares em que foi executada e das quais, à primeira vista, não nos apercebemos com clareza, por exemplo, se as roupas invulgares de um modelo feminino são um disfarce de baile de máscaras, ou se, pelo contrário, a capa vermelha de um velho, que parece tê-la posto para satisfazer um capricho do pintor, não será, afinal, a sua toga de professor ou de conselheiro, ou a sua murça de cardeal. A natureza ambígua da criatura do retrato que tinha à minha frente, residia – sem que eu o compreendesse – no fato de parecer uma jovem atriz de outrora semi-travestida. Mas o "coco", sob o qual espreitavam cachos de cabelo tufado mas curto, e o casaco de veludo sem lapelas aberto sobre um peitilho branco, fizeram-me hesitar quanto à data daquelas modas e ao sexo do modelo, de forma que não sabia com exatidão o que tinha diante dos olhos, a não ser que era a mais luminosa das telas. E o prazer que essa aquarela me proporcionava era apenas perturbado pelo receio de que Elstir se demorasse ainda e me fizesse perder as meninas, pois olhando pela janelinha reparei que o sol já ia oblíquo e baixo. Não havia naquela aquarela uma única coisa que aí figurasse que tivesse sido pintada simplesmente por ser útil à cena: a roupa porque era conveniente que a mulher estivesse vestida, ou a floreira por causa das flores. O vidro desta, em si mesmo apreciável, parecia conter a água onde mergulhavam os caules dos cravos em algo tão límpido e quase tão líquido como a própria água; o material do vestuário que envolvia a mulher tinha o seu charme próprio, independente e fraterno, como se as obras da indústria pudessem rivalizar em charme com as maravilhas da Natureza, tão delicadas, tão saborosas ao toque do olhar, pintadas com a mesma frescura do pêlo de uma gata, das pétalas de um cravo ou das penas de uma pomba. A brancura do peitilho, de uma finura de granizo miudinho, e cujo frívolo pregueado compunha campânulas como as dos lírios-do-vale, cintilava sob os reflexos da luz do quarto, eles próprios penetrantes e sutilmente matizados como *bouquets* de flores que tivessem dourado o pano branco. E o veludo do casaco, brilhante e nacarado, tinha aqui e ali qualquer coisa de eriçado, de retalhado e felpudo como o emaranhado dos cravos na jarra. Mas acima de tudo sentíamos que, pelo contrário, Elstir – despreocupado com a impressão imoral que poderia suscitar o travesti de uma jovem atriz, para quem o talento com que representava o seu papel tinha certamente menos importância do que a atração excitante que exerceria sobre os sentidos *blasés* ou depravados de certos espectadores – se havia apegado a esses traços de ambigüidade como a um elemento estético que merecia a pena pôr em relevo e que tudo fizera para sublinhar. Ao longo dos traços do rosto, o sexo, que parecia pronto a confessar que se tratava de uma moça um tanto arrapazada, desvanecia-se logo após para reaparecer mais adiante sugerindo, antes, a idéia de um jovem efeminado, vicioso e sonhador, continuando, depois, tão esquivo e fugidio que se tornava imperceptível. A expressão de tristeza sonhadora do olhar, pertencendo pelo próprio contraste com os acessórios ao mundo da boemia e do teatro, não era menos perturbador. De resto, poder-se-ia pensar que era artificial e que a jovem criatura, que parecia oferecer-se a carícias nessa indumentária provocante, achara provavelmente picante acrescentar a expressão romanesca de um sentimento secreto ou de um desgosto inconfessado. Por baixo do retrato estava escrito: "*Miss Sacripant, Outubro de 1872*".

(*ibidem*, II, 203-205)

– Gostaria muito de ter uma fotografia do retrato de "Miss Sacripant", se o senhor tiver alguma. Mas, afinal, que nome é esse?

– É o de um personagem que a modelo representou numa operetazinha idiota. Eu não a conheço, como sabe, mas o senhor parece convencido do contrário.

E Elstir calou-se.

– No entanto, não é a senhora Swann antes do casamento – disse eu num desses encontros súbitos e fortuitos com a verdade, que são bastante raros mas suficientes para dar algum fundamento à teoria dos pressentimentos, desde que cuidemos de esquecer todos os erros que a infirmam. Elstir não respondeu. Era realmente um retrato de Odette de Crécy. Ela não quisera ficar com ele por muitas razões, algumas das quais bem óbvias. Mas havia outras. O retrato era anterior ao período em que Odette, disciplinando seus traços, fizera do rosto e da figura essa criação de que, através dos anos, cabeleireiros, costureiros e ela própria – na maneira de estar e de andar, de falar, de sorrir, de pensar, de colocar as mãos e os olhares – iriam respeitar as linhas mestras. Bastaria a depravação de um amante saciado, para que Swann preferisse às numerosas fotografias da Odette *ne varietur* que era sua encantadora mulher, a pequena fotografia que tinha no quarto e na qual se via, sob um chapéu de palha enfeitado com amores-perfeitos, uma mulher jovem, magra e feia, de cabelos tufados e feições consumidas.

Aliás, mesmo que a aquarela não fosse anterior à sistematização de Odette num novo tipo majestoso e encantador (como de fato era a fotografia preferida de Swann), e sim posterior, bastaria a visão de Elstir para desmontar aquele tipo. O gênio artístico age da mesma forma que as temperaturas extremamente elevadas, que têm o poder de desintegrar as combinações de átomos e de os reagrupar segundo uma ordem absolutamente contrária, que corresponde a um outro tipo. Toda essa harmonia artificial que a mulher impôs às feições e de que diariamente, antes de sair, se certifica no espelho se ainda aí permanece, acentuando a inclinação do chapéu, a linha do penteado e a jovialidade do olhar para lhe assegurar a continuidade, pois essa harmonia pode ser destruída num segundo por um simples olhar do grande pintor que, em seu lugar, reorganiza os traços da mulher de modo a satisfazer um certo ideal feminino e pictórico que tem dentro dele. Da mesma forma, acontece muitas vezes que, a partir de uma determinada idade, o olho de um bom pesquisador seja capaz de encontrar em qualquer lado os elementos necessários para estabelecer as únicas relações que lhe interessam. Tal como os operários e os jogadores que não se mostram exigentes e se contentam com tudo a que conseguem deitar a mão, poderiam dizer o mesmo de não importa o quê : "Isto serve". Assim sucedeu com uma prima da princesa do Luxemburgo, senhora de uma beleza das mais altivas, que, entusiasmada com um novo estilo de arte desconhecido na época, pediu ao maior desses pintores naturalistas que lhe fizesse o retrato. De imediato, o olho do artista captou o que procurava em todo o lado. E, em vez da grande dama, pintou na tela um desses criaditos que fazem as compras, e, por detrás, um vasto cenário inclinado, em tons violáceos, que fazia lembrar vagamente a Praça Pigalle. Mas, mesmo sem se chegar a tanto, não só o retrato de uma mulher feito por um grande artista não procura satisfazer de modo nenhum algumas das exigências dessa mulher – que, por exemplo, se já começa a envelhecer, faz questão em ser fotografada em trajes quase de menina, que lhe valorizem a silhueta ainda juvenil e a façam parecer a irmã ou até a filha de sua filha, estando esta a seu lado, se preciso for, propositadamente mal-ajambrada para a ocasião – como, pelo contrário, irá ressaltar as desvantagens que ela tenta esconder e que, como uma tez febril, na verdade esverdeada, o tentam tanto mais porque têm "caráter"; mas bastam para desencantar o espectador vulgar e reduzir a migalhas o ideal de que a mulher tão orgulhosamente sustentava a 'armadura' e que a colocava, em sua forma única e irredutível, tão fora e tão acima do resto da Humanidade. Uma vez decaída, situada fora de seu próprio tipo onde reinava invulnerável, não passa de uma mulher como qualquer outra, em cuja superioridade perdemos toda a fé. Tanto fizemos com que esse tipo consistisse não só na beleza de uma Odette, como também em sua personalidade e identidade, que, diante do retrato que a despojou de tudo isso, somos tentados a exclamar: "Ah, mas como ficou feia !" ou "Não, não se parece muito !". É-nos difícil acreditar que seja ela; não a reconhecemos. E, todavia, há ali um ser que temos a sensação de já ter visto. Mas esse ser não é Odette. O rosto, o corpo e o aspecto são-nos familiares; lembram-nos, não a mulher, que nunca se apresentaria daquela maneira, cuja pose habitual não desenha de forma alguma esse arabesco tão estranho e provocante, mas outras mulheres, todas as que Elstir fixou na tela e que, por muito diferentes que fossem, ele sempre gostou de pintar de frente, o pé arqueado espreitando sob as saias, o grande chapéu redondo na mão, à altura do joelho, que ele tapa, correspondendo simetricamente a esse outro disco visto de frente, o rosto. E, finalmente, não só um retrato genial desfoca o tipo de uma mulher tal como o definiram a sua coqueteria e a sua concepção egoísta da beleza, mas, se for antigo, não se limita a envelhecer o original da mesma maneira que a fotografia, apresentando-o com roupas fora de moda. No retrato, não é apenas a maneira de vestir da mulher que o situa em um determinado tempo, mas também o estilo com que o artista o pinta. Ora esse estilo inicial de Elstir era para Odette a mais esmagadora certidão de nascimento, porque, tal como as fotografias desses tempos, fazia dela não só uma irmã mais nova de *cocottes* bem conhecidas, mas também porque tornava o seu retrato contemporâneo de um dos muitos retratos que Manet ou Whistler pintaram a partir de tantos modelos desaparecidos e que pertencem já ao esquecimento ou à História.

(*ibidem*, II, 215-218)

"Você me confunde com a minha mãe", disse-me Gilberte. Era verdade. Tinha sido de resto quase amável: partimos da idéia que as pessoas ficaram as mesmas e as achamos velhas. Mas uma vez que a idéia de que se parte é que não são velhas, quando as reencontramos não as achamos tão mal. Para Odette não era somente isso; o seu aspecto, uma vez que se sabia a sua idade e que se esperava encontrar uma mulher velha, parecia um desafio mais maravilhoso às leis da cronologia do que a conservação do rádio às leis de natureza. E se eu não a reconheci de imediato, foi não porque tivesse, mas porque não tivesse mudado. Dando-me conta há uma hora daquilo que o tempo acrescentava de novo aos seres e do que necessitava ser subtraído para os reencontrar tal como os que tinha conhecido, eu fazia agora rapidamente este cálculo e, juntando à antiga Odette o número de anos que tinha passado sobre ela, o resultado que encontrei foi uma pessoa que me pareceu não poder ser aquela que tinha sob os olhos, precisamente porque esta era igual à de outros tempos. Qual era a parte da maquiagem, da pintura? Ela tinha o ar, sob os seus cabelos dourados todos lisos – um coque desgrenhado de grande boneca mecânica sobre uma figura espantada e imutável também de boneca – aos quais se sobrepunha um chapéu de palha também liso, da Exposição de 1878 (de que teria sido então – sobretudo se tivesse então a idade de hoje – a mais fantástica maravilha) vindo debitar a sua quadra numa revista de fim de ano, mas da Exposição de 1878, representada por uma mulher ainda jovem.

(*TR*, IV, 526)

Para a senhora de Forcheville[1], pelo contrário, era tão miraculoso que não se podia mesmo dizer que tivesse rejuvenescido, mas de preferência que com todos os seus carmins, todas as suas tonalidades arruivadas, ela tinha reflorescido. Mais ainda que a encarnação da Exposição universal de 1878, ela teria sido, numa exposição vegetal de hoje, a curiosidade e o desfecho. Para mim, de resto, ela não perecia dizer: "Eu sou a Exposição de 1878", mas de preferência "Eu sou a Avenida das Acácias de 1892". Parecia que ela podia ainda lá estar. De resto, justamente porque não tinha mudado, não parecia viver. Tinha o ar de uma rosa esterilizada".

(*ibidem*, IV, 528)

1 Odette, após a morte de Charles Swann, casou com o Conde de Forcheville.

8. GILBERTE

Entretanto Gilberte, a quem já tínhamos pedido duas vezes para se preparar para sair, ficava a nos escutar, entre a sua mãe e o seu pai, ao ombro do qual se apoiava carinhosamente. Nada, à primeira vista, contrastava com a Senhora Swann, que era morena, que esta jovem de cabeleira ruiva e pele dourada. Mas ao fim de um instante reconheciam-se em Gilberte vários traços – por exemplo o nariz acabado com uma brusca e infalível decisão pelo escultor invisível que trabalha com o seu cinzel para várias gerações – a expressão, os movimentos de sua mãe; para fazer uma comparação no campo de outra arte, ela tinha o ar de um retrato ainda pouco parecido da Senhora Swann que o pintor, por um capricho de colorista, tivesse feito posar semi-fantasiada, pronta para ir a um jantar de máscaras, em Veneziana. E como ela não tinha senão uma peruca loura, mas que todo o átomo escuro tinha sido expulso da sua carne, a qual, despida de seus véus castanhos, parecia mais nua, coberta somente pelos raios desprendidos por um sol anterior, a maquiagem não era superficial, mas encarnada; Gilberte tinha o ar de representar algum animal fabuloso ou de usar um disfarce mitológico. Esta pele ruiva era a de seu pai, ao ponto de que a natureza parecia ter tido, quando Gilberte foi criada, de resolver o problema de refazer pouco a pouco a Senhora Swann, tendo apenas à sua disposição, como matéria, a pele do Senhor Swann. E a natureza a tinha utilizado perfeitamente, como um mestre fabicante de arcas que faz questão de deixar aparentes o grânulo, os nós da madeira. No rosto de Gilberte, no canto do nariz de Odette perfeitamente reproduzido, a pele se levantava para manter intactos os dois sinais do Senhor Swann. Era uma nova variedade da Senhora Swann que era obtida lá, ao lado dela, como um lilás branco perto de um lilás violeta. Todavia, não se devia representar a linha de demarcação entre as duas semelhanças como absolutamente nítida. Por momentos, quando Gilberte ria distinguia-se a oval da face do seu pai no rosto da sua mãe como se alguém os tivesse colocado juntos para ver o que daria a mistura; esta oval se precisava como se forma um embrião, alongava-se obliquamente, se inchava, e ao fim de um instante tinha desaparecido. Os olhos de Gilberte tinham o bom olhar franco do pai; é o que ela tinha tido quando me deu a bolinha de ágata e me disse "guarde-a em lembrança da nossa amizade". Mas se alguém fizesse a Gilberte uma pergunta sobre o que ela tinha feito, então via-se nesses mesmos olhos o embaraço, a incerteza, a dissimulação, a tristeza que outrora tivera Odette quando Swann lhe perguntava onde ela tinha ido e que ela lhe dava uma destas respostas mentirosas que desesperavam o amante e agora lhe faziam bruscamente mudar a conversa como marido incurioso e prudente. Várias vezes nos Campos Elíseos tinha ficado inquieto vendo este olhar em Gilberte. Mas a maior parte das vezes, sem razão. Porque nela, como uma sobrevivência meramente física de sua mãe, este olhar – pelo menos aquele – não correspondia a mais nada. É quando ela tinha ido ao seu curso, quando devia voltar para uma lição, que as pupilas de Gilberte executavam este movimento que outrora nos olhos de Odette era causado pelo medo de revelar que tinha recebido durante o dia um dos seus amantes ou que estava apressada para ir a um encontro. Assim se viam as duas naturezas do Senhor e da Senhora Swann ondular, refluir, invadir uma à outra, de cada vez, no corpo daquela Melusina.

(*JFF,* I, 554-555)

III

BALBEC

9. AS MENINAS EM FLOR

Agora, as feições encantadoras dessas meninas já não eram indistintas e misturadas. Tinha-as dividido e reagrupado (em falta do nome de cada uma, que eu ignorava) em torno da grande que pulara por cima do velho banqueiro; da pequena, de cara rosada e bochechuda e olhos verdes que se destacavam contra o horizonte do mar; da morena de nariz direito, que sobressaía no meio das outras; da outra, de rosto branco como um ovo, onde o narizinho descrevia um arco de círculo como um bico de pintinho, um tipo de rosto que é freqüente ver em crianças; daquela outra ainda, alta, usando uma pelerine pelos ombros (que lhe dava um aspecto de pobreza em tamanha contradição com a elegância do porte, que a única explicação que acudia ao espírito era que a menina em questão devia ter pais bem ilustres, com um amor-próprio tão acima dos banhistas de Balbec e da conveniência do vestuário dos seus filhos, que lhes era absolutamente indiferente que ela se passeasse pelo dique vestida de uma maneira que a gente do povo poderia criticar por excesso de modéstia); da menina de olhos brilhantes e risonhos, de gordas faces de tom mate, um casco de pólo enterrado na cabeça, que empurrava uma bicicleta com um bambolear de ancas tão desengonçado, e que usava termos de gíria tão vulgares e gritados em voz tão alta, que eu ouvia quando passava ao pé dela (entre os quais, essa deplorável expressão "viver a vida"), que, abandonando a hipótese que a romeira da amiga me fizera arquitetar, me sentia antes inclinado a concluir que todas aquelas meninas pertenciam a essa população que freqüenta os velódromos, e que deviam ser as jovens amantes de ciclistas. Fosse como fosse, em nenhuma das minhas suposições figurava a hipótese de serem bem-comportadas. Tinha compreendido, logo à primeira vista, que não o eram pela maneira como olhavam umas para as outras, rindo-se muito, e pelo olhar insistente da tal do rosto trigueiro. (...) (...)

(*JFF,* II, 150-151)

Elstir não ficou muito tempo conversando conosco. Decidi que iria ao seu *atelier* num dos próximos dias, mas, logo no dia seguinte a esse serão, depois de um passeio com a minha avó ao longo do dique, na direção das falésias de Canapville, vínhamos já de volta, eis que na esquina de uma das ruazinhas que vão desembocar perpendicularmente na praia, nos cruzamos com uma menina que, de cabeça baixa e jeito contrariado, como um animal que é forçado a regressar ao estábulo, caminhava, carregando uns tacos de golfe, adiante de uma mulher de pose autoritária, aparentemente a sua "inglesa" – ou a de uma amiga – que se parecia com o retrato de Jeffries, pintado por Hogarth, com a cara vermelhusca como se a sua bebida preferida fosse gim em vez de chá, prolongando em pontas retorcidas e enegrecidas por restos de tabaco de mascar um buço grisalho e farfalhudo. A rapariguinha que seguia à frente pareceu-me aquela do grupo que usava um chapéu "pólo" preto, sob o qual os olhos se riam em um rosto impassível e redondo. Ora esta também levava na cabeça um chapéu "pólo" preto, mas agora parecia-me ainda mais bonita que a outra, a linha do nariz mais direita, as narinas mais largas e carnudas. Além disso, a outra parecera-me uma jovem voluntariosa e pálida, enquanto esta tinha o ar de uma criança submissa e a pele rosada. Todavia, como rebocava uma bicicleta igual e usava as mesmas luvas de pele de rena, concluí que as diferenças deviam resultar, talvez, do meu ângulo de visão e das circunstâncias, pois era pouco provável que houvesse em Balbec duas jovens tão semelhantes e que reunissem as mesmas particularidades no modo de trajar. Ela lançou um olhar fugidio na minha direção; nos dias seguintes, sempre que voltava a ver o grupinho na praia, e mesmo mais tarde, quando já conhecia todas as meninas, nunca tive a certeza absoluta que alguma delas – mesmo a que, dentre todas, mais se parecia com a jovem da bicicleta – fosse realmente aquela que tinha encontrado nessa tarde à beira da praia, na esquina da rua, essa menina que, não sendo muito diferente, era, apesar de tudo, um pouco diferente daquela em que eu reparara no meio do grupo.

(*ibidem*, II, 185-186)

Não pude deixar de admirar o quanto a burguesia francesa era um *atelier* maravilhoso de peças da mais variada escultura. Que gêneros surpreendentes, que imaginação nas características dos rostos, que determinação, que frescura, que ingenuidade nas feições! Os velhos burgueses avarentos de quem descendiam estas Dianas e ninfas pareciam-me, agora, os maiores estatuários. Antes que tivesse tempo de me aperceber da metamorfose social dessas jovens – tão instantânea, como uma reação química, é a descoberta de um erro, a mudança da idéia que fazemos de uma pessoa – já se havia instalado por detrás dos rostos marotos dessas raparigas, que eu tomara por amantes de ciclistas ou de campeões de boxe, a idéia de que bem poderiam estar ligadas à família de um certo notário que nós conhecíamos.

(*ibidem*, II, 200)

E meu desejo errava tão mais voluptuosamente entre elas, quanto mais se começava a instalar nesses rostos movediços uma fixação relativa das feições para se poder distinguir, mesmo que ainda viesse a mudar, a efígie maleável e flutuante. Às diferenças que havia entre os rostos estavam, sem dúvida, bem longe de corresponder idênticas diferenças no comprimento e largura das feições, as quais, de uma para outra dessas meninas, e por mais diferentes que parecessem, talvez pudessem ser quase sobreponíveis. Mas o nosso conhecimento de rostos não é matemático. Primeiro, não começa por medir as partes, mas antes toma como ponto de partida uma expressão, um conjunto. Em Andrée, por exemplo, a finura dos olhos doces parecia juntar-se ao nariz afilado, tão estreito como uma simples curva que tivesse sido traçada para que a intenção de finura – anteriormente captada no duplo sorriso dos olhares gêmeos – pudesse ter continuidade numa única linha. Uma linha igualmente fina desenhava-se em seus cabelos, tão flexível e profunda como as linhas que o vento cava na areia. Devia ser hereditário, já que os cabelos inteiramente brancos da mãe de Andrée tinham um aspecto semelhante, formando aqui uma saliência e acolá uma depressão, como a neve que se eleva ou se afunda consoante as irregularidades do terreno. Certamente que comparado com a fina linha do nariz de Andrée, o de Rosemonde parecia oferecer superfícies amplas como uma torre alta assente sobre uma forte base. Ainda que esta expressão possa bastar para crermos nas enormes diferenças que separam o infinitamente pequeno, e que o infinitamente pequeno possa, por si só, criar uma expressão absolutamente particular, uma individualidade, a verdade é que nem o infinitamente pequeno de uma linha e nem a originalidade da expressão faziam com que esses rostos parecessem irredutíveis uns aos outros. Entre os rostos das minhas amigas, a coloração introduzia uma separação ainda mais nítida, não tanto pela variegada beleza dos tons que lhes conferia, tão opostos que eu sentia diante de Rosemonde – inundada por um rosa-sulfurino sobre o qual reagia a luz esverdeada dos olhos – ou diante de Andrée – cuja brancura das faces ia buscar uma distinção austera ao negrume do cabelo – o mesmo gênero de prazer que teria se olhasse, alternadamente, um gerânio à beira do mar ensolarado e uma camélia à noite ; mas, acima de tudo, porque as diferenças infinitamente pequenas das linhas se encontravam desmesuradamente aumentadas, as relações entre as superfícies inteiramente mudadas por esse elemento novo da cor, que era simultaneamente um distribuidor de matizes e um grande gerador ou, pelo menos, um modificador de dimensões. De modo que os rostos, talvez construídos de maneira pouco dissemelhante, conforme fossem iluminados pelo fogo de uma cabeleira ruiva, por uma tez rosada ou pela luz branca de uma palidez baça, alongavam-se ou alargavam-se, transformando-se numa outra coisa, tal como os adereços de palco dos *Ballets Russes*, que por vezes, quando vistos à luz do dia, não passam de simples rodelas de papel, mas que o gênio de um Bakst, conforme a iluminação cor-de-carne ou lunar com que banha o cenário, faz com que pareçam ora uma turquesa duramente incrustada na fachada de um palácio, ora uma rosa-de-bengala desabrochando languidamente no meio de um jardim. Assim, ao tomarmos conhecimento dos rostos, medimo-los com toda a exatidão, não como agrimensores, mas como pintores.

Com Albertine passava-se o mesmo que com as suas companheiras. Havia dias em que parecia tomada de uma tristeza de exilada, magra, a pele cor da cinza, um ar de tédio, uma transparência violácea descendo obliquamente ao fundo dos olhos, como por vezes acontece com o mar. Em outros, os desejos ficavam como que colados à superfície envernizada do rosto liso, que os impedia de ir mais além; a menos que não a olhasse repentinamente de lado, pois as faces, baças como cera, eram à superfície rosadas por transparência, o que me dava uma vontade enorme de as beijar, de atingir esse matiz diferente que teimava em se esquivar. Ainda outras vezes, a felicidade iluminava o seu rosto com uma tão móvel claridade, que a pele, tornada fluida e vaga, deixava passar olhares subjacentes que a faziam parecer de outra cor, mas não de outra matéria diferente dos olhos; algumas vezes, quando se olhava por acaso para a sua cara pontilhada de sinaizinhos castanhos, onde flutuavam duas manchas mais azuladas, era como se olhássemos um ovo de pintassilgo e, freqüentemente, uma ágata opalina, trabalhada e polida apenas em dois lugares, onde, no meio da pedra escura, os olhos lhe luziam como as asas transparentes de uma borboleta azul-celeste, esses olhos que são o espelho da carne e que dão a ilusão, mais do que qualquer outra parte do corpo, de nos deixar chegar perto da alma. Todavia, o mais freqüente era ela ter boas cores e mostrar-se animada; algumas vezes, a única coisa rosada em seu rosto pálido era a ponta do nariz, fina como a de uma gatinha matreira com quem dava vontade de brincar; algumas vezes, ainda, as faces pareciam tão lisas que o olhar deslizava como o de uma miniatura sobre esmalte rosado, ainda mais delicado e mais íntimo por causa da coroa formada pela cabeleira negra; acontecia também que a cor das faces ganhasse o tom rosa-violáceo do ciclâmen e, por vezes até – quando ela se sentia congestionada ou febril, dando a imagem de uma compleição enfermiça que reduzia o meu desejo a algo mais sensual e fazia o olhar expressar algo de mais perverso e mais doentio – aquele púrpura sombrio de certas rosas de um vermelho quase negro ; e cada Albertine era diferente da outra, como é diferente a aparição da bailarina, cujas cores, forma e caráter se transmutam de acordo com os jogos inumeravelmente variados de um projetor luminoso. E foi, porventura, por causa desses "seres" tão diversos que, na época, descobria nela, que, mais tarde, eu próprio me habituei a assumir um personagem diferente consoante a Albertine em que estava pensando – o ciumento, o indiferente, o sensual, o melancólico, o furioso – que recriava não apenas ao sabor da recordação do momento, mas consoante a força da crença interposta, para uma mesma recordação, pela maneira diferente com que a apreciava.

(*ibidem*, II, 296-299)

Sem dúvida que, para mim, o significado dos rostos de todas elas havia mudado bastante, desde que o modo pelo qual eu os devia interpretar me tinha sido, em certa medida, indicado por seus comentários, comentários a que podia atribuir um valor tanto maior quanto era eu que os provocava à minha vontade com as questões que lhes punha, fazendo-os variar como um experimentador que busca nas contraprovas a verificação de dados pressupostos. Era, em suma, uma maneira como qualquer outra de resolver o problema da existência, essa de nos aproximarmos suficientemente das coisas e das pessoas que, de longe, nos haviam parecido belas e misteriosas, para nos darmos conta de que, afinal, não possuem nem beleza, nem mistério; é um dos métodos saudáveis por que podemos optar, um método que talvez não seja muito recomendável, mas que nos dá uma certa tranquilidade para irmos vivendo, e também – porque nos permite não lamentar coisa alguma ao nos persuadir de que conseguimos o melhor, e que o melhor não era grande coisa – para nos resignarmos perante a morte.

(*ibidem*, II, 300)

10. BLOCH

Um domingo, estava eu entregue às minhas leituras no jardim, quando fui interrompido por Swann que vinha visitar os meus pais.

– O que é que você está a ler ? Posso ver? Olha, mas é Bergotte! Quem lhe recomendou as obras dele?

Disse-lhe que tinha sido Bloch.

– Ah, sim, aquele rapaz que vi aqui uma vez, muito parecido com o retrato de Maomé II de Bellini. Oh!, mas é impressionante, as mesmas sobrancelhas circunflexas, o mesmo nariz adunco, as mesmas maçãs do rosto salientes. Se um dia usar barbicha, serão uma e a mesma pessoa. Em todo o caso, tem bom gosto porque Bergotte é encantador.

(*CCS*, I, 96)

Além disso, a senhora de Villeparisis, deixando que uma parte da família vociferasse contra os judeus, estivera até então completamente alheia ao "caso Dreyfus" e tão pouco se preocupava com o assunto. Finalmente, um rapaz como Bloch, que ninguém conhecia, podia passar despercebido numa altura em que os judeus importantes e representativos do partido já começavam a ser alvo de ameaças. Bloch exibia, agora, uma barbicha de "bode" no queixo, usava *pince-nez* e sobrecasaca comprida, segurando na mão uma luva como um rolo de papiro. Os romenos, os egípcios e os turcos bem podem detestar os judeus, mas num salão francês as diferenças entre povos não são tão perceptíveis, e um israelita entrando como se acabado de chegar do meio do deserto, o corpo encurvado como o de uma hiena, inclinando a nuca obliquamente enquanto distribui efusivos *salams*, satisfaz perfeitamente um certo gosto de orientalismo. Apenas se exige que o judeu não pertença à "sociedade", porque assumiria facilmente o aspecto de um lorde e as suas maneiras haviam de tornar-se tão afrancesadas que, nele, um nariz rebelde, brotando nas mais inesperadas direções como as capuchinhas, lembraria mais o nariz do Mascarilha do que o de Salomão. Em todo o caso, Bloch, não se tendo descontraído pela ginástica do *faubourg*, nem enobrecido por algum cruzamento com Inglaterra ou com Espanha, continuava tão estranho e tão apetitoso ao olhar de qualquer amador de exotismo, apesar das roupas européias, como um judeu de Decamps. Que admirável a força dessa raça que, vinda do fundo dos séculos, chega a Paris moderna, aos corredores dos nossos teatros, aos guichês das repartições públicas, a um enterro, a uma rua, como uma falange intacta que, estilizando o penteado moderno, absorvendo, fazendo esquecer e domesticando a sobrecasaca, continua, em suma, muito semelhante àquela outra falange de escribas assírios, representados em trajes de cerimônia que, no friso de um monumento de Susa, defende os portões do palácio de Dario.

(*CG*, II, 487-488)

Percebi que se tratava do meu camarada. Aliás, ele entrou pouco depois. E, com efeito, reparei que no rosto de Bloch se haviam sobreposto a expressão débil e opinativa e os frágeis acenos de cabeça, que encontram tão rapidamente seu ponto de encaixe, em que poderia identificar o cansaço erudito de um velhote afável, se, por outro lado, não tivesse reconhecido diante de mim o meu amigo, e se as minhas lembranças não o animassem com aquela vivacidade juvenil e ininterrupta, de que presentemente parecia despojado. Para mim, que o conhecera no limiar da vida e que nunca deixara de o ver, era o meu companheiro, um adolescente cuja juventude eu media inconscientemente pela que sentia em mim, e na qual acreditava ter vivido desde então. Diziam que ele aparentava a idade que tinha, e espantei-me ao notar-lhe alguns desses sinais que são característicos dos homens velhos. Percebi que era porque ele tinha realmente envelhecido, e que é com os adolescentes que vivem durante longos anos que a vida constrói os velhos.

(*TR*, IV, 507)

Tive alguma dificuldade em reconhecer o meu companheiro Bloch, que, de resto, adotara agora não só o pseudônimo, como também o nome de Jacques du Rozier, sob o qual bastaria o faro do meu avô para se descobrir o "doce vale" de Hebron e as "correntes de Israel" que o meu amigo parecia ter quebrado em definitivo. Com efeito, um chique muito inglês tinha transformado o seu aspecto por completo, aplainado e apagado tudo o que era possível apagar. O cabelo, outrora encaracolado, tinha-o agora liso e com risca ao meio, reluzente de pomada fixadora. O nariz era o mesmo, forte e vermelho, como se estivesse congestionado por um resfriado crônico, o que podia explicar o timbre nasalado com que debitava preguiçosamente as frases, pois encontrara, tal como o penteado adequado ao tom da pele, uma voz igualmente apropriada à pronúncia, em que o nasalar de outrora adquirira um certo desdém no modo de articular que condizia com suas narinas inflamadas. E graças ao penteado, à supressão do bigode, à elegância, ao tipo, à vontade, o nariz judaico tornara-se invisível quase como uma corcunda bem disfarçada. Mas, principalmente, mal Bloch aparecia, o significado da sua fisionomia era modificado por um temível monóculo. A parte de maquinismo introduzida pelo monóculo no rosto de Bloch dispensava-o dessas pesadas obrigações a que estão sujeitos todos os rostos humanos: a de serem belos, de exprimirem a alma, a benevolência, o empenho. A presença do monóculo no rosto de Bloch afastava desde logo a pergunta se seria belo ou não, como nos acontece perante artigos ingleses que o empregado da loja exibe, dizendo logo que "são o cúmulo do chique", após o que nem ousamos perguntar a nós próprios se, na realidade, nos agradam. Por outro lado, Bloch instalava-se atrás da lente do seu monóculo numa pose tão altiva, distante e confortável como se a lente fosse a vidraça de uma carruagem, e esforçava-se de tal modo por conjugar o rosto com o cabelo alisado e o monóculo, que os seus traços já nem expressavam coisa alguma.

(*ibidem*, IV, 530-531)

11. NISSIM BERNARD

– Além do mais, a Academia é como um salão e Bergotte não goza de qualquer crédito – declarou o tio da senhora Bloch, homem de grande fortuna e de uma natureza inofensiva e doce, cujo sobrenome Bernard seria o suficiente para despertar os dons de diagnóstico do meu avô, embora o nome estivesse em total desarmonia com o rosto, que parecia ter sido trazido do palácio de Dario e restaurado por Madame Dieulafoy, se, escolhido por algum amador desejoso de dar um retoque oriental a esta figura de Susa, o nome próprio, Nissim, não tivesse feito pairar sobre ela as asas de algum touro androcéfalo de Khorsabad.

Mas o senhor Bloch não cansava de insultar o tio, quer porque se sentisse irritado com a bonomia da sua vítima, que não revidava, quer porque a *villa* de Balbec era paga pelo senhor Nissim Bernard e ele, como parente beneficiário, queria deixar bem claro que conservava a sua independência e, sobretudo, que não recorria a lisonjas para assegurar a futura herança do ricaço.

(*JFF*, II, 132)

O senhor Bloch não perdeu mais essa oportunidade de afrontar o infeliz tio.

– Naturalmente, quando há que dizer alguma asneira digna de Proudhon, podemos ter a certeza de que o senhor meu tio não perde a ocasião. Se Bergotte estivesse aqui, o senhor seria o primeiro a lamber-lhe as botas! – exclamou o senhor Bloch para o senhor Nissim Bernard que, penalizado, baixou sobre o prato a cabeça e a barba anelada do rei Sargão.

Reparei que o meu amigo, Bloch filho, desde que deixara crescer uma barba igualmente frisada e azulada, se parecia muito com o tio-avô.

(*ibidem*, II, 133)

12. O SENHOR DE CAMBREMER

O senhor de Cambremer não se parecia nada com a velha marquesa. Como ela dizia ternamente, "saiu em tudo ao lado do pai". A sua aparência física espantava todos aqueles que apenas tinham ouvido falar dele ou das suas cartas, vivas e cuidadosamente caligrafadas. Seria certamente uma questão de nos habituarmos a essa aparência. O nariz escolhera colocar-se numa posição torta acima da boca, porventura a única linha oblíqua entre tantas outras que não tiveram a idéia de traçar em seu rosto, e que significava uma estupidez vulgar, agravada ainda pela vizinhança da tez normanda enrubescida como uma maçã. É possível que os olhos do senhor de Cambremer ocultassem sob as pálpebras um pouco desse céu do Cotentin, tão suave nos belos dias de sol em que o passeante se diverte a contar por centenas, imóveis, à beira dos caminhos, as sombras dos choupos, mas as pálpebras de Cambremer, pesadas, semicerradas e purgando constantemente, já impediam a passagem da própria inteligência. De modo que, desconcertadas pela estreiteza desse olhar azul, as pessoas concentravam-se no narigão torto. Por uma transposição de sentidos, o senhor de Cambremer olhava para os outros com o nariz, um nariz que não era feio, que era mesmo um pouco belo demais, poderoso em demasia e excessivamente orgulhoso da sua importância. Aquilino, lustroso, luzidio, novinho em folha, estava inteiramente disposto a compensar a deficiência espiritual do olhar; e se é certo, infelizmente, que os olhos são, por vezes, o órgão revelador da inteligência, o nariz (seja qual for, aliás, a solidariedade íntima entre os traços de um rosto e a repercussão insuspeita de uns sobre os outros), o nariz é geralmente o órgão onde a estupidez se exibe com mais facilidade.

(*SG,* III, 304-305)

O senhor de Cambremer era para a sociedade de Balbec, asfixiada por tantos banhistas que desconheciam o seu mundo, como um frasco de sais. A mim, pelo contrário, parecia-me uma pessoa que a minha avó classificaria imediatamente de "muito mal", e, como ela não compreendia o esnobismo, teria ficado sem dúvida estupefacta por Cambremer ter conseguido desposar *Mademoiselle* Legrandin, que devia ser exigente em matéria de distinção, ela quc tinha um irmão "tão bem". Quando muito, poder-se-ia dizer que a fealdade do senhor de Cambremer era própria da região e tinha qualquer coisa de antiquíssima tradição local. Pensava-se, olhando para essas feições tão erradas que apetecia corrigir, em nomes de pequenas localidades normandas acerca de cuja etimologia o meu cura se enganava, porque os camponeses, pronunciando mal os nomes das terras, ou não tendo percebido corretamente a palavra normanda ou latina que as designa, acabaram por fixar um barbarismo que consta já dos cartulários, um contra-senso e um vício de pronúncia – como diria Brichot.

(*ibidem*, III, 305)

Mal a senhora de Cambremer começava com as suas implicâncias e brincadeiras, muitas vezes bastante impertinentes, fosse comigo ou com outra pessoa, o senhor de Cambremer punha-se a olhar para a vítima e ria a bom rir. Como o marquês era estrábico – o que acrescenta algo de espirituoso até mesmo à alegria dos imbecis – o efeito dessas risadas era trazer uma nesga de pupila ao branco do olho, que, sem isso, seria completo. Era como uma aberta rasgando um pouco de azul num céu encoberto de nuvens. Aliás, o monóculo protegia essa delicada operação como um vidro protege uma tela valiosa. Quanto ao verdadeiro significado do riso, não se tinha a certeza se seria um riso de amabilidade : "Ah, seu maroto, você pode considerar-se digno de inveja, visto que caiu nas boas graças de uma mulher com tanto espírito !"; ou um riso mordaz : "Ora bem, meu caro senhor, só espero que lhe façam bom proveito as cobras e lagartos que está engolindo!"; ou obsequioso : "Compreenda que se estou rindo é porque isso não passa de brincadeira, mas descanse que não permitirei que o maltratem"; ou cruelmente cúmplice : "Não tenho nada que me intrometer, mas, como vê, estou aqui a torcer-me de riso com as afrontas que ela lhe dirige. Divirto-me como um louco, portanto, como marido, aprovo. E se lhe passar pela cabeça a fantasia de se revoltar, você, meu pobre senhor, vai ter de se haver comigo. Primeiro, leva um par de bofetadas daquelas bem puxadas, e depois havemos de nos bater na floresta de Chantepie."

Todavia, fosse qual fosse a interpretação que se desse à boa-disposição do marido, as zombarias da mulher terminavam depressa. Então, o senhor de Cambremer parava de rir imediatamente, as pupilas desapareciam e – como durante uns minutos nos desabituáramos de lhe ver os olhos totalmente brancos – estes emprestavam ao carmesim normando das faces algo de simultaneamente exangue e de extático, como se o marquês acabasse de ser operado, ou estivesse implorando aos céus, atrás do monóculo, os ramos de palma do martírio.

(*ibidem*, III, 368)

Vi que alguém perguntava por mim, e disseram-me que era o senhor de Cambremer. Este, para mostrar que me havia reconhecido, começou logo por perguntar :" Então você ainda sofre daquelas faltas de ar?"; e, à minha resposta afirmativa, acrescentou: "Como vê, não é isso que impede a longevidade", como se eu fosse decididamente centenário. Enquanto falava com ele, fixei os olhos em dois ou três traços que poderia enquadrar mentalmente nessa síntese, quanto ao resto completamente diferente das minhas recordações a que eu dava o nome da sua pessoa. Mas quando ele virou a cabeça por um instante, vi que se tornara irreconhecível pelo acréscimo de enormes papos vermelhos nas faces, que o impediam de abrir completamente a boca e os olhos; fiquei estarrecido, sem me atrever a olhar para aquele tipo de antraz, pensando que seria mais conveniente que fosse ele o primeiro a falar da sua moléstia. Mas, como qualquer doente corajoso, não lhe fez qualquer alusão e ria …

(*TR*, IV, 511)

Como a senhora de Cambremer-Legrandin se aproximasse, receei parecer ainda mais insensível por não deplorar o que havia notado no rosto do marido, embora não ousasse ser o primeiro a tocar no assunto.

– O senhor gostou de o ver? – perguntou ela.
– Ele está bem? – respondi, inseguro.
– Ora, meu Deus, como pode ver não está nada mal.

Ela não se apercebera daquele mal que me ofuscava a vista e que não era outra coisa senão uma das máscaras do Tempo que este aplicara a pouco e pouco no rosto do marquês, espessando-o de forma tão gradual que a própria marquesa nem havia notado.

(*ibidem*, IV, 511-512)

13. A MARQUESA-VIÚVA DE CAMBREMER

Um chapéu de plumas, rematado com um alfinete de safira, equilibrava-se de qualquer maneira em cima da peruca da velha marquesa de Cambremer como uma insígnia cuja exibição é necessária e suficiente, sendo o local indiferente, a elegância convencional e a imobilidade inútil. Apesar do calor, a boa senhora usava um mantelete de azeviches semelhante a uma dalmática, sobre o qual ainda pendia uma estola de arminho, cujo uso não se adequava nem à temperatura nem à estação, mas sim à natureza da cerimônia. E ao peito, como uma cruz, trazia pendurada uma pequena coroa de baronesa, presa a uma corrente fina.

(*SG,* III, 201)

A marquesa-viúva não se cansava de gabar a soberba vista para o mar que nós tínhamos em Balbec, e chegava a invejar-me, ela que de *La Raspelière* (que, de resto, esse ano não habitava) só via as ondas de muito longe. Tinha dois tiques singulares que resultavam do seu amor exaltado pelas artes (principalmente pela música) e, ao mesmo tempo, da insuficiência dentária. De todas as vezes que falava de estética, as glândulas salivares, como as de certos animais na época do cio, entravam numa hipersecreção tal, que a boca desdentada da velha dama deixava passar ao canto dos lábios, cobertos de um leve buço, algumas gotas ali bem deslocadas. De imediato, voltava a engoli-las com um grande suspiro, como quando se respira fundo. Finalmente, se se tratava de alguma peça musical de grande beleza, tomada pelo entusiasmo, levantava os braços proferindo algumas apreciações sumárias, energicamente mastigadas, e se preciso fosse, emitidas pelo nariz.

(*ibidem*, III, 203)

14. O CONDE DE CRÉCY

(...) o senhor Pierre de Verjus, conde de Crécy (mais conhecido apenas por conde de Crécy), era um fidalgo empobrecido mas muitíssimo distinto, que eu tinha conhecido através dos Cambremer, com quem, aliás, ele não se dava muito. Reduzido a uma vida extremamente modesta, quase miserável, eu percebera que um charuto e uma bebida eram coisas que lhe agradavam tanto, que, nos dias em que não podia ver Albertine, me habituei a convidá-lo para Balbec. Muito fino, expressando-se maravilhosamente, de tez pálida e belos olhos azuis, falava preferencialmente com a maior delicadeza dos confortos da vida senhorial que, evidentemente, conhecera, e também de genealogias. Certa vez, perguntei que gravação era aquela que tinha no anel; respondeu-me com um sorriso discreto: "É um ramo de videira". E acrescentou com um prazer de provador: "As nossas armas são um ramo de videira – um símbolo, pois o meu nome de família é Verjus – com tronco e folhas em sinopla." Mas creio que ele ficaria bem decepcionado se eu, em Balbec, só lhe oferecesse esse suco de uvas azedas. Na verdade, Crécy apreciava os vinhos mais caros, certamente por privação, por conhecimento aprofundado daquilo de que estava privado, por gosto, e também, talvez, por uma propensão exagerada para a bebida. Da mesma maneira que, quando o convidava para jantar comigo em Balbec, escolhia os pratos com uma ciência requintada, mas comia um pouco demais, sobretudo bebia, mandando deixar respirar os vinhos que deviam fazê-lo, resfriar os que exigiam ser colocados no gelo. Antes e depois do jantar, indicava o ano do Porto ou do *cognac* que desejava beber, como o teria feito relativamente à data da instituição de um marquesado, um detalhe geralmente ignorado mas que ele conhecia igualmente na perfeição.

Aimé, dado que eu era um dos seus clientes preferidos, rejubilava com esses jantares suplementares e gritava para os criados: "Depressa! Ponham a mesa 25!"; na realidade, ele nem dizia "ponham", mas "ponham-me" como se a mesa fosse para ele. E como a linguagem de *maître d'hotel* nada tem a ver com a de outros chefes, encarregados, caixeiros, etc., no momento em que eu pedia a conta, dizia ao criado que nos tinha servido, com gestos repetidos e apaziguadores das mãos, como se tentasse acalmar um cavalo prestes a tomar o freio nos dentes: "Não carregues muito (a conta)! Calma, muita calma." Depois, quando o criado se afastava munido daquela advertência, Aimé, receando que as suas recomendações não fossem fielmente cumpridas, ia atrás dele: "Espera, que eu mesmo faço a conta!" E quando eu lhe dizia que não se preocupasse tanto, ele respondia: "Tenho por princípio que, como vulgarmente se diz, nunca se deve enganar um cliente." Quanto ao diretor do hotel, reparando nas roupas simples, sempre as mesmas e já bastante usadas do meu convidado (e, no entanto, ninguém praticaria tão bem a arte de bem vestir, como uma personagem elegante de Balzac, caso tivesse os meios necessários), limitava-se a verificar de longe, por minha causa, se tudo corria bem… (…)

(*SG,* III, 468-470)

A tristeza da vida do senhor de Crécy provinha por igual de não possuir cavalos e uma mesa farta, como de conviver sobretudo com pessoas que facilmente acreditariam que Cambremer e Guermantes eram uma e a mesma pessoa. Quando, já animado pelo vinho que tinha bebido, viu que eu sabia que Legrandin, que adotara o nome de Legrandin de Méséglise, não tinha nenhum direito de o fazer, caiu numa espécie de arrebatamento de alegria. A irmã confidenciou-me com ar entendido: "A maior felicidade de meu irmão é poder conversar com o senhor."

Com efeito, Crécy sentia-se reviver desde que descobrira que havia alguém que sabia da mediocridade dos Cambremer e da grandeza dos Guermantes, alguém para quem o universo social existia de fato. Tal como depois do incêndio de todas as bibliotecas do globo e da ascensão de uma raça totalmente ignorante, um velho latinista retomaria o pé e a confiança na vida se ouvisse alguém citar-lhe um verso de Horácio. E, depois, Crécy nunca ia embora sem me questionar: " E para quando o nosso próximo encontro ?", tanto em razão da avidez do parasita e da gula do erudito, como por considerar os nossos banquetes de Balbec uma oportunidade de conversar acerca de pessoas que lhe eram caras e de quem não podia falar com mais ninguém, e, também, por os considerar análogos a esses jantares em datas fixas que reúnem a Sociedade dos Bibliófilos à mesa, particularmente suculenta, do Círculo da União.

(*ibidem*, III, 470-471)

15. *MADEMOISELLE* DE STERMARIA

Infelizmente, o desprezo de nenhuma dessas pessoas me era tão penoso quanto o do senhor de Stermaria.

É que tinha reparado em sua filha logo que ela entrara, no belo rosto tão pálido que era quase azulado, em tudo o que havia de especial no porte da sua alta estatura e na maneira de andar, tudo o que evocava, muito justificadamente, a sua linhagem, a sua educação aristocrática, e com uma clareza tanto maior quanto sabia o nome dela – como esses temas expressionistas compostos por músicos geniais e que reproduzem esplendidamente o cintilar da chama, o rumorejar do rio e a paz do campo, espicaçando no bom caminho a imaginação dos ouvintes que, previamente, se deram ao cuidado de folhear o programa do concerto. A "raça", acrescentando aos encantos de *Mlle.* de Stermaria a justificação da sua existência, tornava-os mais inteligíveis e mais completos. Também a "raça" os fazia mais desejáveis, na medida em que advertia que eram pouco acessíveis, como todo o preço elevado acrescenta valor a um objeto que nos tenha agradado. E o tronco da estirpe genealógica conferia a essa epiderme, composta de sumos selecionados, o sabor de um fruto exótico ou de um grande vinho famoso.

(*JFF,* II, 44)

Pode imaginar-se o grande prazer que me causou a súbita aparição da mais poderosa das fadas sob o disfarce de uma velhinha (a marquesa de Villeparisis), desprovido que me encontrava de todos os recursos para me aproximar de Mlle de Stermaria numa terra onde não conhecia ninguém. Ninguém do ponto de vista prático, entenda-se. Esteticamente, a variedade de tipos humanos é demasiado restrita para que não se tenha com muita freqüência, em qualquer lado onde se vá, a alegria de encontrar pessoas conhecidas, mesmo sem as procurar em quadros de velhos mestres, como fazia Swann. E foi assim que, desde os nossos primeiros dias de estada em Balbec, já tinha encontrado Legrandin, o porteiro dos Swann e a própria senhora Swann; o primeiro num criado de café, o segundo num estrangeiro de passagem que não voltei a ver, e a última num nadador salva-vidas. É como uma espécie de magnetismo que atrai certos traços fisionômicos e comportamentais uns para os outros, mantendo-os tão fortemente ligados, que, quando a natureza introduz assim uma pessoa num corpo diferente, fá-lo praticamente sem a mutilar. De modo que Legrandin, transformado em criado de café, mantinha intactos a estatura, o perfil do nariz e uma parte do queixo; a senhora Swann, em versão masculina e na condição de nadador salva-vidas, fazia-se acompanhar não só da sua fisionomia habitual como também daquele seu jeito de falar. Simplesmente, era para mim de tão pouca utilidade agora, com o cinturão vermelho e içando, à mais pequena ondulação, a bandeirola que proíbe os banhos (porque os nadadores-salva-vidas são prudentes, já que raramente sabem nadar), como no fresco da *Vida de Moisés* onde Swann, em tempos, a reconhecera na figura da filha de Jetro. Pelo contrário, a senhora de Villeparisis era mesmo a genuína, e não fora vítima de um qualquer encantamento que a tivesse despojado do seu poder, antes pelo contrário talvez pudesse pôr algum feitiço à disposição do meu próprio poder, centuplicando-o, graças ao qual, como se fosse transportado nas asas de um pássaro fabuloso, eu iria ultrapassar em instantes as infinitas distâncias sociais que – pelo menos, em Balbec – me separavam de Mlle de Stermaria.

(*ibidem*, II, 45)

Como sempre, mas mais facilmente quando seu pai se afastou para ir falar ao presidente da Ordem dos Advogados, eu contemplava Mlle de Stermaria. Não só a singularidade ousada e sempre bela de suas atitudes – como quando, de cotovelos apoiados na mesa, levantava o copo acima dos antebraços – como também a secura de um olhar rapidamente esgotado, a dureza inerente, familiar, que se percebia no âmago da voz, mal encoberta sob as inflexões pessoais, e que tanto havia chocado a minha avó, e uma espécie de freio atávico a que ela regressava, depois de, com um olhar ou uma entoação, acabar de expressar os seus pensamentos, conduziam o pensamento de quem olhava para ela à linhagem que lhe havia legado uma tal insuficiência de simpatia humana, aquelas lacunas de sensibilidade, essa amplitude de estofo que a todo o momento lhe faltava. Todavia, por certos olhares que passavam fugazes no fundo rapidamente ressecado de suas pupilas, e nos quais se pressente uma doçura quase humilde que o gosto predominante dos prazeres dos sentidos confere à mulher mais orgulhosa, a qual, em breve, apenas reconhecerá prestígio a quem for capaz de lhos fazer sentir, seja um comediante ou um saltimbanco, e pelo qual poderá, um dia, deixar seu marido ; ainda, por uma certa coloração de um rosa sensual e vivo que desabrochava na palidez de suas faces, semelhante à que empresta um tom encarnado ao coração das brancas ninféias do Vivonne, eu julgava perceber que ela facilmente me permitiria ir buscar nela o gosto da vida tão poética que tinha na Bretanha, uma vida que, quer por hábito arreigado, quer por distinção inata, quer por repugnância pela pobreza ou pela avareza dos seus, ela não parecia valorizar muito, mas que, no entanto, trazia encarcerada dentro de si. Talvez ela encontrasse alguns meios de resistência nessa débil reserva de vontade que lhe fora transmitida, e que dava à sua expressão um certo ar de cobardia. E o chapéu de feltro cinzento, enfeitado com uma pluma pretensiosa e fora de moda, que ela usava invariavelmente a todas as refeições, tornava-a mais doce a meus olhos, não porque se harmonizasse com o tom argênteo e rosa de sua pele, mas porque, fazendo-me supor que ela seria pobre, a aproximava um pouco mais de mim.

(*ibidem*, II, 48-49)

16. A PRINCESA DO LUXEMBURGO

Ora, à saída do concerto, retomando minha avó e eu o caminho do hotel, detivemo-nos uns momentos no dique trocando umas palavras com a senhora de Villeparisis; dizia ela que tinha pedido no hotel que nos servissem uns *croque-monsieur* e ovos *à la crème*, quando vi ao longe a princesa do Luxemburgo caminhando em nossa direção, meio apoiada na sombrinha, de modo a imprimir a seu corpo alto e majestoso uma ligeira inclinação que o fazia desenhar esse arabesco tão caro às mulheres que foram belas à época do Império, e que sabiam – de ombros descaídos, costas direitas e ancas torneadas, a perna esticada – fazer o corpo ondular languidamente como um lenço de seda em redor de uma haste invisível, erecta e oblíqua, que o tivesse atravessado. (...) (...)

(*JFF,* II, 59)

Por fim, depois de nos deixar aos três, a princesa retomou o seu passeio ao longo do dique banhado pelo sol, curvando a magnífica cintura que, tal como uma serpente em torno de uma vara, se enroscava na sombrinha azul e branca, fechada, que a senhora do Luxemburgo levava na mão. Era a primeira Alteza que eu conhecia, e digo primeira, porque a princesa Matilde, no que toca a maneiras, pouco tinha de Alteza. A segunda, como veremos mais tarde, haveria de me surpreender igualmente por sua gentileza.

(*ibidem*, II, 60)

17. O DIRETOR-GERAL DO GRANDE HOTEL

Então, quase no início do jantar, aparecia todas as noites à entrada da sala de jantar aquele homem baixinho, de cabelos brancos e nariz vermelho, de uma impassibilidade e correção extraordinárias, e que, segundo se dizia, era conhecido, tanto em Londres como em Monte Carlo, como um dos melhores hoteleiros da Europa. Certa vez que me ausentara uns instantes no começo do jantar, quando entrei novamente na sala e passei por ele, cumprimentou-me, sem dúvida para mostrar que estava em sua casa, mas com uma frieza de que não consegui discernir a causa, se era reserva de alguém que não se esquece da sua posição, ou desdém para com um cliente sem importância. Pelo contrário, quando se tratava de clientes de grande importância, o Diretor-geral inclinava-se com igual frieza mas mais profundamente, baixando as pálpebras como que por um misto de respeito e pudor, como se tivesse diante de si, num enterro, o pai da defunta ou o Santíssimo Sacramento. Excetuando essas saudações geladas e raras, não se mexia, como para mostrar que os seus olhos penetrantes, que pareciam saltar-lhe das órbitas, viam tudo, comandavam tudo, assegurando ao "Jantar do Grande Hotel" tanto o acabamento dos detalhes como a harmonia do conjunto. Era evidente que, muito mais do que um encenador ou um maestro, se sentia um verdadeiro generalíssimo. Convicto de que a observação levada ao extremo da intensidade lhe bastava para se certificar que estava tudo preparado, que nenhuma falha provocaria a desordem e, em suma, para assumir as suas responsabilidades, abstinha-se não só de fazer qualquer gesto, como até de mexer os olhos, petrificados pela atenção com que abarcavam e dirigiam a totalidade das operações. Eu tinha a impressão de que nem os movimentos da minha colher lhe escapavam, e ainda que se retirasse logo após a sopa, a revista que acabava de fazer tirava-me todo o apetite. O dele, porém, era excelente como se podia ver ao almoço, que tomava na sala de jantar como um simples particular, à mesma hora que os clientes. A sua mesa tinha somente uma particularidade : enquanto comia, o outro diretor, o permanente, ficava de pé a seu lado conversando o tempo todo. Isso, porque sendo subordinado ao Diretor-geral, procurava agradar-lhe, para além de lhe ter um medo enorme. O meu era menor nesses almoços, porque, perdido no meio dos clientes, o Diretor-geral patenteava a discrição de um general sentado num restaurante onde também se encontram soldados, mas sem dar a entender que lhes presta atenção. Contudo, quando o porteiro, rodeado de seus auxiliares, me informava: " Ele parte amanhã para Dinard. De lá, segue para Biarritz e depois para Cannes", eu passava a respirar muito melhor.

(*JFF,* II, 51-52)

18. AIMÉ

Aimé informou-se sobre a saúde da minha avó, e eu perguntei-lhe como passavam a mulher e os filhos. Respondeu emocionado, pois era um homem muito ligado à família. Tinha um ar inteligente e enérgico, embora respeitoso. A amante de Robert pôs-se a observá-lo com uma atenção inusitada, mas os olhos encovados de Aimé, aos quais uma ligeira miopia emprestava uma espécie de falsa profundidade, não traíram qualquer reação no seu rosto impassível. No hotel de província, onde trabalhara muitos anos antes de vir para Balbec, o belo desenho, agora um tanto amarelecido e cansado, das suas feições que, durante tantos anos – tal como aquela gravura do príncipe Eugênio – as pessoas viam no mesmo lugar, ao fundo da sala de jantar quase sempre vazia, não devia ter atraído muitos olhares curiosos. Sem dúvida por falta de conhecedores, o próprio ignorara durante muito tempo o seu valor artístico, para além do que, sendo um homem de temperamento frio, não devia estar muito disposto a torná-las notadas. Quando muito, alguma parisiense de passagem pela cidade teria reparado nele e pedido que a servisse no quarto antes de voltar a pegar o trem, e ele teria escondido esse segredo de um capricho sem conseqüências, que ninguém jamais descobriria, no vazio translúcido, monótono e profundo da sua existência de bom marido e empregado provinciano. Agora, porém, Aimé devia dar-se conta da insistência com que os olhos da jovem artista o fixavam. Pelo menos, ela não passou despercebida a Robert, pois reparei no rubor que se ia espalhando em seu rosto, um rubor não tão vivo como quando tocado por alguma súbita emoção, mas mais leve, fragmentado.

– Esse chefe de mesa é assim tão interessante, Zézette ? – perguntou ele… (…)

(*CG,* II, 464)

19. A BELA PESCADORA

Ao sair da igreja, vi junto da velha ponte um grupo de raparigas da aldeia muito bem ataviadas, sem dúvida por ser domingo, metendo conversa com os rapazes que passavam. Não tão bem vestida como as outras, mas parecendo ser-lhes superior por algum ascendente – porque mal respondia ao que elas lhe diziam – com uma expressão mais circunspecta e voluntariosa, havia uma, alta, sentada na beira do parapeito da ponte, de pernas penduradas, com uma panelinha cheia de peixes à sua frente, que provavelmente acabara de pescar. Tinha a pele morena e olhos doces, mas um olhar de desdém para tudo que a rodeava, um narizinho fino e encantador. Pousei os meus olhos na sua pele, e não mentiria se dissesse que os meus lábios seguiram os olhares. Porém, não era somente o corpo daquela rapariga que teria querido alcançar, era também a pessoa que vivia dentro dele e cuja atenção pretendia chamar com aquele leve contacto para, como numa espécie de "penetração", lhe fazer despertar uma idéia.

E esse ser interior da bela pescadora parecia-me ainda fechado para mim, duvidando que aí tivesse entrado, mesmo depois de ter visto a minha própria imagem furtivamente refletida no espelho dos seus olhos, seguindo um índice de refração que me era tão desconhecido como se me tivesse colocado no campo visual de uma corça.

(*JFF,* II, 75-76)

20. CRIADOS

A dose de cerveja e, mais ainda, a de champanhe que, em Balbec, não consumiria numa semana – sendo certo, todavia, que para a minha consciência calma e lúcida o sabor destas bebidas representava um prazer apreciável mas facilmente dispensável – bebi-a ali no espaço de uma hora, acrescentando-lhe ainda umas gotas de vinho do Porto que, demasiado distraído, nem sequer saboreei; depois, dei ao violinista que acabara de tocar os dois "luíses" que economizara nesse mês para comprar qualquer coisa de que já não me lembrava. Alguns dos criados do restaurante, largados por entre as mesas, corriam a toda velocidade, equilibrando bandejas na palma da mão estendida, como se a finalidade daquela correria fosse não as deixar cair. E era um fato que os suflês de chocolate chegavam intactos ao destino e as maçãs "à inglesa" alinhadas, como à partida, em volta do cordeiro de Pauillac, apesar do galope que as sacudira. Dentre os criados, reparei num, muito alto, com um penacho de soberbos cabelos negros e a cara pintada com uns tons que lembravam mais certas espécies de aves exóticas do que a espécie humana, e que correndo sem parar e, dir-se-ia, sem objetivo, de um canto ao outro da sala, me fazia lembrar uma dessas araras que enchem, com o seu colorido berrante e uma agitação inexplicável, as enormes gaiolas dos jardins zoológicos. Em breve, porém, todo aquele espetáculo se aquietou, ficando, pelo menos a meus olhos, mais digno e mais calmo.

(*JFF,* II, 167)

A harmonia dessas mesas astrais não era impedida pela incessante revolução dos inúmeros servidores, os quais, porque em vez de estarem sentados, com os comensais, estavam de pé, evoluíam num zona superior. Sem dúvida um corria a entregar *hors d'oeuvre,* trocar o vinho, acrescentar copos. Mas apesar dessas razões particulares, a sua corrida perpétua entre as mesas redondas acabava por emanar a lei da sua circulação vertiginosa e regrada. Sentadas atrás de uma baia de flores, duas horríveis caixeiras, ocupadas em cálculos sem fim, pareciam duas mágicas ocupadas a prever por cálculos astrológicos as perturbações que podiam por vezes produzir-se nesta abóboda celeste concebida segundo a ciência da Idade Média.

(*JFF*, II, 168)

Como era a primeira vez que eu saía, muitos criados que eu ainda não tinha visto olhavam-me curiosamente. Na própria entrada do hotel um jovem criado tirou o seu boné para me cumprimentar e o recolocou rapidamente. Pensei que Aimé lhe tivesse, segundo a sua expressão, "passado o recado" de ter atenções para comigo. Mas vi no mesmo momento que tirou-o de novo para outra pessoa que entrava. A verdade é que na vida esse jovem só sabia tirar e pôr o boné e fazia-o perfeitamente. Tendo compreendido que era incapaz de qualquer outra coisa e que era excelente nessa outra, ele praticava-a o maior número de vezes que podia, por dia, o que lhe valia da parte dos clientes uma simpatia discreta, mas geral, uma grande simpatia também por parte do porteiro a quem competia a tarefa de recrutar os criados do hotel, e que até esta ave rara não tinha conseguido encontrar um que não tivesse de ser despedido em menos de oito dias, para grande espanto de Aimé, que dizia: "Todavia neste trabalho não lhes pedimos nada mais do que serem polidos, isso não deveria ser tão difícil".

(*SG*, III, 169).

Albertine e eu estávamos em frente à estação Balbec do pequeno trem de interesse local. Fizemo-nos conduzir pelo ônibus do hotel, por causa do mau tempo. Não longe de nós estava o Sr. Nissim Bernard, com um olho negro. Enganava desde há pouco o menino dos coros de *Athalie* com um empregado de uma reputada fazenda da vizinhança, *Às Cerejeiras*. Este rapaz vermelho, de traços abruptos, tinha absolutamente o ar de ter um tomate como cabeça. Um tomate exatamente similar servia de cabeça ao seu irmão gêmeo. Para o contemplador desinteressado há algo de belo nessas parecenças perfeitas de dois gêmeos, que a natureza, como se se tivesse momentaneamente industrializado, parece debitar produtos iguais. Infelizmente o ponto de vista do senhor Nissim Bernard era outro e esta semelhança era apenas exterior. O tomate nº 2 se deleitava com frenesi a fazer exclusivamente as delícias das senhoras, enquanto o tomate nº 1 não detestava condescender aos gostos de certos senhores. Ora cada vez que sacudido, como que por um reflexo, pela lembrança das boas horas passadas com o tomate nº 1, o Senhor Bernard se apresentava nas *Cerejeiras*, míope (e de resto a miopia não era necessária para os confundir) o velho israelita, representando sem o saber Anfitrião, dirigia-se ao irmão gêmeo e dizia-lhe: "Você quer marcar um encontro para esta noite?". Recebia imediatamente um sólido revide... . Ele chegou mesmo a se renovar ao longo de uma mesma refeição, onde continuava com o outro irmão as frases começadas com o primeiro. Com o tempo tudo isto criou uma tal aversão, por associação de idéias, com tomates, mesmo dos comestíveis, que cada vez que ouvia ao seu lado um viajante encomendá-los no Grande Hotel, ele lhe segredava "Desculpe de me dirigir ao senhor sem o conhecer. Mas ouvi que pedia tomates. Eles estão podres hoje. Digo-o no seu interesse porque para mim é indiferente, nunca os como".

(*ibidem*, III, 248-249)

IV
VERDURIN

21. A SENHORA VERDURIN

Ao ver que Swann estava ali a dois passos, a senhora Verdurin fez aquela expressão em que o desejo de mandar calar quem fala e o de manter um ar inocente aos olhos de quem ouve, se neutralizam numa nulidade absoluta, em que o sinal, imóvel, de compreensão do cúmplice se esconde sob um sorriso ingênuo e que, finalmente, sendo uma expressão comum a todos aqueles que se apercebem de uma gafe, acaba por a revelar instantaneamente, se não a quem a comete, pelo menos àquele que dela é objeto.

(*CCS*, I, 279-280)

Até quando tocavam aquela frase, a senhora Verdurin já não se obrigava a fazer o ar extenuado de admiração de outros tempos, porque esse ar se tornara o seu próprio rosto. Sob o efeito das incontáveis nevralgias causadas pela música de Bach, Wagner, Vinteuil ou Debussy, a fronte da senhora Verdurin atingira proporções enormes, como membros que o reumatismo acaba por deformar. As têmporas, idênticas a duas belas esferas ardentes, doloridas e leitosas, onde reside a Harmonia eterna, afastavam as madeixas de cabelo prateado e proclamavam, em nome da "Patroa", sem que esta precisasse falar: "Sei bem o que me espera logo à noite." Os seus traços já não se davam sequer ao trabalho de formular sucessivas impressões estéticas demasiado intensas, pois que eles mesmos compunham a expressão permanente desse rosto devastado e magnífico. Esta atitude de resignação perante os sofrimentos, sempre iminentes, infligidos pelo Belo, e a coragem para se vestir quando mal conseguia levantar-se depois da última sonata, fazia com que a senhora Verdurin, nem que se tratasse da mais cruel das músicas, mantivesse uma fisionomia desdenhosamente impassível, chegando a esconder-se para engolir duas colheres de aspirina.

(*SG,* III, 298)

Certamente que, se surpreendia uma troca de palavras em voz baixa entre um novato, recém-chegado ao seu círculo, e um fiel, que pudesse sugerir que já se conheciam ou que tinham vontade de se conhecer melhor ("Então até sexta-feira, em casa dos ..." , ou "Apareça no *atelier* quando quiser, estou lá sempre até às cinco horas. Dar-me-ia um grande prazer..."), a senhora Verdurin, alvoroçada por supor que o recém-chegado talvez tivesse uma "situação" que pudesse fazer dele um brilhante recruta para o seu *clã*, mas fingindo nada ter escutado e conservando no seu belo olhar, com olheiras que o vício de Debussy acentuava mais do que seria capaz de fazê-lo a cocaína, a expressão exausta que apenas a embriaguez da música lhe conferia, fervilhava de congeminações, de modo algum exclusivamente polifônicas, sob a bela testa abaulada por tantos quartetos e sucessivas enxaquecas; e sem se conter mais, não podendo esperar nem mais um segundo por sua injeção, precipitava-se sobre os dois que conversavam, arrastava-os para um canto, e dizia ao novato indicando o "fiel": "O senhor não quer vir jantar com *ele* aqui em casa? No sábado, por exemplo, ou num outro dia que preferir, com pessoas muito agradáveis? Não fale muito alto, porque não tenciono convidar toda esta turba..." (termo que, durante cinco minutos, servia para designar o seu pequeno núcleo de amigos fiéis, momentaneamente votados ao desprezo por aquele "novo" em que depositava tão grandes esperanças).

(*P*, III, 734)

Todavia, fiquei impressionado, como toda a gente que se acercou da senhora Verdurin nessa noite, por um desagradável cheiro a rino-gomenol. Eis o motivo. Era sabido que a senhora Verdurin nunca exprimia as suas emoções artísticas de uma forma espiritual, mas sim física, a fim de as fazer parecer mais profundas e inevitáveis. Ora, se lhe falassem da música de Vinteuil, a sua preferida, ficava indiferente como se não sentisse qualquer emoção. Após uns minutos, porém, de olhar fixo, quase distraído, respondia num tom contundente, prático, um pouco rude até, como se estivesse a dizer qualquer coisa como:

"É-me indiferente que o senhor fume, mas preocupo-me com o tapete que é muito bonito, o que também me seria indiferente se não fosse altamente inflamável, e acontece que tenho pavor de incêndios e não quereria vê-los a todos em chamas por causa de uma ponta de cigarro mal apagada que possa deixar cair no chão." O mesmo se aplicava a Vinteuil. Se alguém lhe falava nele, não demonstrava um mínimo de admiração, mas, ao cabo de um instante, lamentava friamente que a sua música fosse tocada nessa noite: "Não tenho nada contra Vinteuil que, em minha opinião, é o maior compositor do século. Mas, simplesmente, não posso ouvir essas coisas sem parar de chorar" (e não dizia "chorar" com um ar patético, mas sim com um ar tão natural como se dissesse "dormir") ...

(*ibidem*, III, 745)

A senhora Verdurin sentou-se à parte, os hemisférios da fronte branca, ligeiramente rosada, magnificamente abaulados, cabelos afastados para trás, em parte imitando um retrato do século XVIII, em parte pela necessidade que alguém febril sente de se refrescar, mas que o pudor impede de manifestar o seu estado, isolada como uma divindade presidindo a uma solenidade musical, deusa do "wagnerismo" e da enxaqueca, uma espécie de Norna quase trágica, evocada pelo gênio no meio daqueles maçadores, diante dos quais, e mais ainda que habitualmente, ela iria evitar revelar as suas impressões ao ouvir uma peça musical que conhecia muito melhor do que eles. O concerto começou, e não reconheci o que tocavam; estava em terreno desconhecido.

(*ibidem*, III, 753)

Olhei a "Patroa", cuja imobilidade arisca parecia configurar um protesto contra os movimentos de marcação do compasso executados pelas cabeças ignorantes das damas do *Faubourg*. Contudo, a senhora Verdurin não dizia : "Compreendam que eu, desta música, conheço um pouco…, alguma coisa! E se fosse preciso expressar tudo o que sinto, nunca mais acabaria." Não o dizia, mas as costas direitas e imóveis, os olhos inexpressivos, as madeixas fugidias do cabelo falavam por ela. Falavam, igualmente, da sua coragem, dizendo que os músicos podiam continuar, que não lhe poupassem os nervos, pois ela não fraquejaria no andante, não soltaria exclamações no alegro. Olhei para os músicos. O violoncelista dominava o instrumento, apertado entre os joelhos, inclinando a cabeça, à qual umas feições vulgares emprestavam um jeito involuntário de desagrado nos momentos de maneirismo; inclinava-se sobre o violoncelo, palpando-o com a mesma paciência doméstica com que se retiram, uma por uma, as folhas de uma couve, enquanto a seu lado a harpista – ainda uma menininha de saia curta, totalmente ultrapassada pelos raios horizontais do quadrilátero dourado, semelhante aos que figurariam arbitrariamente na câmara mágica de uma sibila, de acordo com as formas consagradas – parecia ir buscar aqui e ali, no momento certo, um som delicioso, do mesmo modo que, qual pequena deusa alegórica, içada até à latada de ouro da abóbada celeste, se prepararia para colher as estrelas, uma a uma. Quanto a Morel, uma madeixa até então invisível, oculta em seu cabelo, acabava de se desprender, formando um caracol sobre a testa.

Imperceptivelmente, virei a cabeça para o público a fim de constatar o que pensaria o senhor de Charlus daquela madeixa rebelde. Todavia, os meus olhos apenas encontraram o rosto, ou antes, as mãos da senhora Verdurin, visto que aquele estava completamente escondido entre estas. Quereria a "Patroa" mostrar, com essa atitude recolhida, que se julgava numa igreja e que não via nenhuma diferença entre aquela música e a mais sublime das preces? Quereria ela, como certas pessoas nas igrejas, ocultar de olhares indiscretos, quer por pudor seu suposto fervor, quer por respeito uma culpável distração ou um sono invencível ? Um ruído regular, que nada tinha de musical, fez-me acreditar nesta última hipótese como a verdadeira, mas logo constatei que aquele roncar não era produzido pela senhora Verdurin, mas por sua cadelinha.

(*ibidem*, III, 755-756)

Como para a neve, de resto, o grau de brancura dos cabelos parecia em geral como um sinal da profundidade do tempo vivido, como esses cumes montanhosos que, mesmo aparecendo aos olhos na mesma linha que outros, revelam portanto o nível de sua altitude pelo grau da sua brancura nevada. E, todavia, isso não era exato para todos, sobretudo para as mulheres. Assim, as mechas da princesa de Guermantes[2] que, quando eram cinzentas e brilhantes como a seda pareciam de prata em volta de sua testa abaulada, tendo à força de se tornar brancas adquirido um matiz de lã e de estopa, pareciam ao contrário, por causa disso, ser cinzentas como uma neve suja que perdeu o seu brilho.

(*TR*, IV, 519)

2 Mme Verdurin tornou-se, depois de uma primeira viuvez, duquesa de Duras e, após uma segunda, princesa de Guermantes.

22. BRICHOT

Já próximo da casa dos Verdurin, quando o fiacre seguia ao longo do cais, mandei parar. Acabava de avistar Brichot, que se apeava do bonde na esquina da Rua Bonaparte; limpou os sapatos com um jornal velho e calçou umas luvas cinza-pérola. Fui ter com ele. Dado que o seu problema de visão se vinha agravando desde há uns tempos, fora dotado – tão bem como o melhor laboratório – com um novo par de óculos, que, potentes e complicados como instrumentos de observação astronômica, pareciam aparafusados nos olhos. Assestou em mim aqueles faróis exagerados, e reconheceu-me. Logo, as lentes estavam em bom estado, mas, por detrás delas, captei um olhar longínquo, pálido, convulso, moribundo, um olhar do outro lado daquele aparelho fortíssimo que me fez lembrar um pobre bichinho agonizante colocado sob um desses sofisticados instrumentos dos laboratórios magnanimamente subsidiados em razão dos trabalhos de investigação que aí se realizam. Ofereci o braço ao quase cego para o ajudar a caminhar. " Ah, já não é como daquela vez em que nos encontrámos perto da grande Cherbourg – disse ele – ; agora estamos ao lado do pequeno Dunkerque", uma frase bastante embaraçosa, porque não percebi o que queria dizer; todavia, não me atrevi a questionar Brichot, não tanto pelo receio do seu desdém, mas sobretudo das suas explicações. Respondi que estava deveras curioso por ver o salão onde, em tempos passados, Swann se encontrava todas as noites com Odette. " Então você sabe dessa história antiga !?" – exclamou ele.

(*P*, III, 703)

23. SANIETTE

Na estação de Graincourt, entre os que subiram para a minha carruagem, encontrava-se Saniette, que, outrora, tinha sido expulso da casa dos Verdurin pelo primo Forcheville, mas que, entretanto, regressara. Sob o ponto de vista mundano, os seus defeitos de antigamente – apesar das qualidades superiores – eram um pouco do mesmo género dos de Cottard : timidez, desejo de agradar, esforços infrutíferos para ser bem sucedido. Mas se a vida – fazendo com que Cottard se revestisse (se não em casa dos Verdurin, onde continuava a ser praticamente o mesmo pela sugestão que os velhos tempos exercem sobre nós sempre que nos reencontramos num ambiente familiar, pelo menos junto de seus doentes particulares, no hospital e na Academia de Medicina), de uma carapaça de frieza, de indiferença e circunspecção, que se acentuava quando proferia os seus trocadilhos diante de alunos complacentes – tinha cavado um verdadeiro fosso entre o Cottard de agora e o de antigamente, no caso de Saniette, pelo contrário, os mesmos defeitos tinham-se agravado à medida que ele tentava corrigi-los. Pressentindo que era freqüentemente maçador, que ninguém o escutava, em vez de falar mais devagar, como teria feito Cottard, e de forçar a atenção alheia recorrendo a um tom de autoridade, não somente tratava de se fazer perdoar em tom brincalhão pela seriedade excessiva da sua conversa, como acelerava o discurso, usando abreviaturas para que parecesse menos longo e mais próximo das coisas de que estava falando, conseguindo apenas, ao torná-las incompreensíveis, fazer com que a arenga parecesse interminável. A sua segurança nada tinha a ver com a de Cottard quando gelava os pacientes, os quais, se alguém lhes gabava a afabilidade do médico em sociedade, respondiam : "Ah, mas não é a mesma pessoa quando estamos no seu consultório, nós sob o foco de luz, ele em contraluz com aqueles olhos que nos trespassam..."; a segurança de Saniette não se impunha, sentíamos que escondia uma timidez exagerada e que bastaria um pequeno nada para a afugentar. Saniette, a quem os amigos estavam sempre a dizer que a falta de confiança em si próprio era demasiada, e que, de fato, via as pessoas que considerava inferiores – e com razão – obterem com toda a facilidade os êxitos que lhe eram recusados, já não começava uma história sem sorrir da jocosidade da mesma, com medo que um ar mais sério não valorizasse suficientemente a sua "mercadoria". Por vezes, dando crédito ao lado cômico que o próprio parecia descobrir no que ia dizer, concediam-lhe o favor de um silêncio geral. Mas o discurso redundava em fracasso. Às vezes, um conviva de coração mais generoso ainda transmitia a Saniette um sinal de encorajamento, privado, quase secreto, com um sorriso de aprovação que lhe fazia chegar furtivamente, sem chamar as atenções, como quando se passa disfarçadamente um bilhetinho. Mas ninguém ia ao ponto de assumir a responsabilidade, de arriscar a adesão pública de uma risada. Muito tempo depois da história acabada e arrumada, um Saniette desolado ficava a sorrir sozinho, como que saboreando um deleite que fingia achar suficiente, e que os outros não haviam experimentado.

(*SG,* III, 265-266)

24. SKI

Quanto ao escultor Ski – assim chamado em razão da dificuldade em pronunciar o seu sobrenome polonês, e também porque o próprio, desde que frequentava uma certa sociedade, fazia questão em não ser confundido com parentes muito bem colocados, mas um pouco enfadonhos e muito numerosos – um homem de quarenta e cinco anos, bastante feio, exteriorizava uma espécie de criancice ingênua, de fantasia sonhadora que conservara por ter sido, até os dez anos, o mais cativante dos meninos-prodígio, a coqueluche das damas. A senhora Verdurin defendia que ele era mais artista que Elstir. Aliás, as semelhanças com este eram apenas, e puramente, exteriores. Eram, porém, suficientes para que Elstir, quando conhecera Ski, sentisse por ele a aversão profunda que nos inspiram, muito mais do que os totalmente opostos, os seres que se parecem conosco no pior, nos quais estão patentes os nossos aspectos menos favoráveis e os defeitos de que já nos curamos, e que infelizmente nos relembram tudo o que um dia – antes de nos tornarmos no que somos – podemos ter parecido aos olhos de certas pessoas. Contudo, a senhora Verdurin acreditava que Ski tinha mais garra do que Elstir, porque não havia forma de arte para a qual ele não fosse dotado, e estava convencida de que esse dom poderia evoluir até o talento, caso ele não fosse tão preguiçoso. Esta preguiça de Ski chegava a ser vista pela "Patroa" como um dom suplementar, na medida em que era o contrário do trabalho, que ela considerava o destino das criaturas sem gênio. Ski pintava tudo o que se quisesse em botões de punho ou nas bandeiras das portas. Cantava com voz de compositor, tocava de ouvido, fazendo com que o piano parecesse uma orquestra, não por virtuosismo, mas pelos falsos baixos resultantes da incapacidade de chegar com os dedos ao pistão, que, de resto, ele imitava com a boca. Escolhendo cuidadosamente as palavras quando falava, para passar uma idéia de curiosidade intelectual, da mesma forma que retardava um acorde que tocava a seguir, dizendo "ping!" para fazer ouvir os metais, tinha reputação de muito inteligente, quando, na verdade, as suas idéias se reduziam a duas ou três, e extremamente limitadas. Aborrecido com a sua fama de fantasista, tinha metido na cabeça provar que era um homem prático, objetivo, donde aquele fingimento triunfante de um falso rigor e de um falso bom senso, agravados pela falta de memória e informações constantemente inexatas. Os movimentos da cabeça, do pescoço ou das pernas poderiam, até, ser graciosos, se Ski ainda tivesse nove anos, anéis de cabelo louros, um grande cabeção de rendas e botinas de couro vermelho.

(*SG,* III, 266-267)

Entretanto, Ski sentara-se ao piano, sem que ninguém lhe tivesse pedido, e – compondo com um franzir sorridente das sobrancelhas, um olhar distante e um leve trejeito da boca aquilo que ele achava ser um ar de artista – insistia com Morel para que tocasse qualquer coisa de Bizet. "Não me diga que não gosta do lado acriançado da música de Bizet ! Oh, meu caro – disse ele com aquele rolar dos *rr* que lhe era característico – , mas é encantador!" Morel, que não gostava de Bizet, declarou isso mesmo com toda a ênfase, e Ski (que, junto do pequeno clã, passava por ser espirituoso, o que é verdadeiramente inacreditável), fingindo tomar a diatribe do violinista por uma bizarria, desatou a rir. A sua maneira de rir não era, como a do senhor Verdurin, a sufocação de um fumador. Primeiro, Ski compunha um ar de espertalhão, depois deixava escapar, como que involuntariamente, um único som de riso, como aquele toque de chamamento dos sinos, a que se seguia um silêncio em que o olhar de finório parecia examinar com conhecimento de causa a graça do que fora dito, e, só depois, um segundo sino começava a badalar, tocando um *angelus* hilariante.

(*P*, III, 792-793)

25. A PRINCESA SHERBATOFF

Corremos a procurar uma carruagem vazia onde eu pudesse beijar Albertine durante o trajeto. Não a tendo encontrado, acabamos por subir para um compartimento onde já estava instalada uma senhora bastante corpulenta, velha e feia, de feições masculinas, toda endomingada, que lia *La Revue des Deux Mondes*. Apesar da vulgaridade do aspecto, tinha gestos pretensiosos, e diverti-me tentando adivinhar a que tipo de categoria social pertenceria; depressa concluí que devia ser proprietária de algum prostíbulo importante, uma cafetina em viagem. Era o que a sua aparência e maneiras proclamavam. Só não fazia idéia, até então, que tais senhoras lessem *La Revue des Deux Mondes*. Albertine chamou a minha atenção para ela com um sorriso e um piscar de olho. A dama dava-se ares de grande dignidade; pelo meu lado – como tinha bem presente que era aguardado no dia seguinte, no terminal daquela pequena linha ferroviária, como convidado em casa da célebre senhora Verdurin, que numa estação intermédia teria Robert de Saint-Loup à minha espera e que, um pouco mais adiante, poderia dar um grande prazer à senhora de Cambremer passando por Féterne – observava com uns olhos fervilhando de ironia aquela senhora importante que devia julgar que a toilette rebuscada, as plumas do chapéu e a *Revue des Deux Mondes* faziam dela uma personagem mais ilustre do que eu. Esperei que não ficasse ali muito mais tempo que o senhor Nissim Bernard, e que descesse pelo menos em Toutainville, mas não. O trem parou em Épreville e ela continuou sentada. O mesmo se passou em Montmartin-sur-Mer, em Parville-la-Bingard, em Incarville, de modo que, em desespero, quando o trem deixou a estação de Saint-Frichoux, que era a última antes de Doncières, decidi abraçar Albertine sem me preocupar mais com a senhora.

(*SG,* III, 251-252)

26. A SENHORA BLATIN

"... (...) A propósito do Jardim de Aclimatação – continuou a senhora Swann –, não sei se você sabe, mas este jovem julgava que gostávamos muito de uma certa pessoa, que, pelo contrário, não poupo sempre que posso : a senhora Blatin! Considero deveras humilhante para nós que se faça passar por nossa amiga. Imagine só que o bom do doutor Cottard, que nunca diz mal de ninguém, declara que ela é infecta. Que horror ! A única coisa que ela tem de especial é ser tão parecida com Savonarola. É tal e qual o retrato de Savonarola pintado por Fra Bartolomeo."

A mania de Swann de descobrir parecenças na pintura era defensável, porque mesmo aquilo a que chamamos a expressão individual é – como nos damos conta com tanta tristeza quando amamos e gostaríamos de acreditar na realidade única do indivíduo – algo de mais generalizado e passível de se encontrar em diferentes épocas. Mas, se tivessem escutado Swann, aqueles cortejos dos Reis Magos, já tão anacrônicos quando Benozzo Gozzoli reproduziu neles os Médicis, sê-lo-iam ainda mais dado que continham os retratos de uma multidão de homens, não contemporâneos de Gozzoli, mas de Swann, isto é, já não somente posteriores de quinze séculos à Natividade, mas quatro em relação ao próprio autor. Na opinião de Swann, não havia nesses cortejos um único parisiense de renome que não estivesse lá representado, tal como naquele ato de uma peça de Sardou, em que por amizade pelo autor e pela principal intérprete, e também por moda e para se divertirem, todos os notáveis de Paris – médicos famosos, políticos, advogados – subiram ao palco como figurantes, cada qual em sua noite.

"Mas que relação pode ter a senhora Blatin com o Jardim de Aclimatação? – Toda! – O quê? Você acha que ela tem um traseiro azul vivo como os macacos? – Ora, Charles, você está sendo inconveniente! Não, eu estava a pensar naquele nome que o cingalês lhe chamou. Vamos, conte-lhe, é realmente um "belo nome". – É uma estupidez. Você sabe que a senhora Blatin gosta de interpelar toda a gente com uns modos que ela crê serem amáveis, mas que são sobretudo paternalistas."

(*JFF,* I, 525)

V

GUERMANTES

27. ORIANE DE GUERMANTES

De repente, durante a missa de casamento, um movimento do sacristão mudando de lugar permitiu-me ver, sentada numa das capelas, uma senhora loura, de nariz grande e penetrantes olhos azuis, com uma gravata bufante de seda malva, lisa, nova e brilhante, e uma espinha no canto do nariz. E porque distingui, diluídas e quase imperceptíveis na superfície de seu rosto ruborizado, como se estivesse sentindo muito calor, umas quantas parcelas de analogia com o retrato que me tinham mostrado, principalmente porque os traços particulares que eu fixara, se tivesse de os enunciar, seriam precisamente os mesmos referidos pelo doutor Percepied – nariz grande e olhos azuis – quando descrevera na minha presença a duquesa de Guermantes, disse para comigo: "Aquela dama parece a senhora de Guermantes"; a capela onde ela assistia à missa era a de Gilbert, le Mauvais – sob cujas lápides tumulares, douradas e alongadas como alvéolos de um favo de mel, repousavam os antigos condes de Brabante – o que me lembrou ter ouvido dizer que era aquela a capela reservada à família de Guermantes, sempre que algum dos seus membros vinha a Combray assistir a uma cerimônia. Não era verossímil, portanto, que naquela capela e nesse dia, justamente um dia em que se esperava que a senhora de Guermantes comparecesse, ali se encontrasse outra mulher e logo tão parecida com o seu retrato. Era ela! A minha decepção foi grande. Decorria do fato de não ter sido mais contido quando pensava na senhora de Guermantes, que tinha imaginado com as cores de uma tapeçaria ou de um vitral, num outro século, de uma matéria diversa dos restantes seres vivos. Nunca me ocorrera que ela pudesse ter um rosto carmesim, uma gravata cor de malva igual à da senhora Sazerat, e que o oval das faces me lembrasse tanto o de pessoas que via lá em casa, de modo que, por um instante, fiquei na dúvida – uma dúvida que em breve se dissiparia – de que aquela dama, em seu princípio criador, em todas as suas moléculas, poderia não ser em substância a duquesa de Guermantes, mas que o corpo, desconhecendo o nome que lhe fora atribuído, pertencia a um determinado tipo feminino que englobava, igualmente, as mulheres de médicos e de comerciantes. "Então é aquilo, a senhora de Guermantes é só aquilo ?!", dizia a minha fisionomia concentrada e aturdida, enquanto contemplava aquela imagem que, naturalmente, não tinha nenhuma relação com as que, com o mesmo nome – senhora de Guermantes – me apareciam tantas vezes em sonhos, dado que, ela, ela não fora arbitrariamente forjada por mim como as outras, mas tinha surgido à frente dos meus olhos pela primeira vez, apenas há instantes, na igreja; que ela não era da mesma natureza, que não a podia colorir segundo a minha vontade como as que se deixavam embeber do matiz alaranjado de uma sílaba, mas que, sendo tão real, tudo, até mesmo aquela espinhazinha inflamada na narina, comprovava a sua sujeição às leis da vida, tal como numa apoteose de teatro um vinco do vestido da fada, a tremura do dedo mínimo, denunciam a presença material de uma atriz de carne e osso, no mesmo sítio onde, porventura, acreditávamos ter diante dos olhos um mero efeito de projeção luminosa.

Contudo, ao mesmo tempo, sobre essa imagem que o nariz proeminente e os olhos perspicazes cravavam em minha visão (talvez porque foram eles que em primeiro lugar a atingiram, que nela fizeram a primeira mossa, quando ainda nem tivera tempo para suspeitar que a mulher surgida diante de mim podia ser a senhora de Guermantes), sobre essa imagem recente e imutável eu tentava já aplicar a idéia: "É a senhora de Guermantes", apenas conseguindo manipular idéia e imagem em simultâneo como dois discos separados por um intervalo. Mas esta senhora de Guermantes, com quem sonhara tantas vezes, agora que acabava de comprovar que tinha uma existência real, exterior a mim, exerceu um poder ainda maior sobre a minha imaginação que, momentaneamente paralisada pelo confronto com uma realidade tão diversa da esperada, começou a reagir, dizendo : "Os Guermantes, gloriosos desde antes de Carlos Magno, tinham o direito de vida e de morte sobre os seus vassalos; a duquesa de Guermantes descende de Geneviève de Brabante. Não conhece, nem jamais aceitará conhecer, nenhuma destas pessoas que aqui estão."

E – ó maravilhosa independência do olhar humano, preso ao rosto por um fio tão frouxo, tão comprido e tão extensível, que pode passear sozinho para bem longe dele – , enquanto a senhora de Guermantes estava sentada na capela, sobre os túmulos dos seus mortos, o seu olhar vagueava por aqui e por ali, subia ao longo dos pilares, chegou a deter-se em mim, como um raio de sol errando pela nave, um raio de sol que, no momento em que recebi o seu afago, me pareceu consciente. Quanto à senhora de Guermantes, propriamente dita, não me foi possível concluir se aprovaria ou censuraria, na ociosidade de sua alma, a errância dos seus olhos, porque permanecia imóvel, sentada como uma mãe que finge não reparar nas travessuras e inconveniências dos filhos que brincam e metem conversa com pessoas que ela não conhece.

Era muito importante para mim que não se fosse embora antes que a pudesse olhar um tempo suficiente, pois que, na verdade, vê-la era desde há anos um de meus desejos mais ardentes. Não conseguia, agora, despregar os olhos dela, como se cada um dos meus olhares pudesse materialmente arrebatar, para depois armazenar dentro de mim, a recordação do nariz proeminente, das faces vermelhas, de todas essas particularidades que me pareciam outras tantas informações preciosas, autênticas e singulares sobre o seu rosto. Agora que todos os pensamentos me levavam a achá-lo belo – sobretudo, talvez, por esse instinto de privilegiarmos as melhores partes de nós mesmos nesse constante desejo de não sermos desiludidos – voltando a pô-la (visto que ela e aquela duquesa de Guermantes, que até ali tinha imaginado, eram uma só pessoa) acima do resto da Humanidade, com quem a visão pura e simples do seu corpo me tinha levado a confundi-la por momentos, ficava irritado ao ouvir murmurar à minha volta:" Está bem melhor que a senhora Sazerat, que a menina Vinteuil...", como se fosse possível compará-las! E, enquanto os meus olhares se detinham nos seus cabelos louros, nos olhos azuis, no porte do pescoço, evitando os traços que me pudessem recordar outras caras, exclamava diante desse esboço voluntariamente incompleto: "Como é bela! Que nobreza! É bem uma altiva Guermantes, a descendente de Geneviève de Brabante, que tenho diante de mim!" E a atenção com a qual eu iluminava a sua fisionomia isolava-a de tal forma, que hoje, quando revejo essa cerimónia, sou incapaz de recordar uma única pessoa entre a assistência, excetuando ela e o sacristão que me respondeu afirmativamente, quando lhe perguntei se aquela dama era efetivamente a senhora de Guermantes.

(...) Esse sorriso caiu sobre mim, que não tirava os olhos dela. Então, lembrando aquele olhar que ela deixara parar em mim, durante a missa, azul como um raio de sol filtrado através do vitral de Gilbert, *le Mauvais*, pensei que, sem dúvida, ela havia reparado em mim.

Acreditei que lhe tinha agradado e que continuaria a pensar em mim quando saísse da igreja, que, por minha causa, talvez se sentisse triste nessa noite, em Guermantes.

(*CCS,* I, 172-175)

Ora a princesa des Laumes[3], que ninguém esperaria ver em casa da senhora de Saint-Euverte, acabava de chegar nesse preciso momento. E para mostrar que não procurava impor a superioridade da sua linhagem num salão aonde ia só por condescendência, entrara de ombros retraídos, ali, num lugar onde nem havia uma multidão que fosse preciso atravessar, e ninguém a quem dar passagem, ficando propositadamente ao fundo como se esse fosse o seu lugar, tal como um rei que se põe na fila à porta de um teatro, porque as autoridades não foram avisadas de sua ida ali; e, limitando o olhar – para não dar a entender que queria assinalar a sua presença e reclamar deferências – à contemplação de um desenho do tapete ou da sua própria saia, ficava de pé no lugar que lhe parecera mais discreto (e donde sabia bem que uma exclamação deliciada da senhora de Saint-Euverte a tiraria, mal aquela a avistasse), ao lado da senhora de Cambremer, que lhe era desconhecida. Observava a mímica da sua vizinha melômana, mas não a imitava. Não era que, já que passava cinco minutos em casa da senhora de Saint-Euverte, a princesa de Laumes não quisesse, para que a gentileza que lhe estava fazendo contasse a dobrar, mostrar-se o mais amável possível. Todavia, por natureza, tinha horror ao que chamava os "exageros", e fazia questão de mostrar que "não tinha que" se entregar a manifestações que não se coadunavam com o "gênero" do meio em que vivia, mas que, por outro lado, não deixavam de a impressionar, graças a esse espírito de imitação, vizinho da timidez, que um ambiente novo, ainda que inferior, consegue suscitar nas pessoas mais seguras de si. A princesa começava a interrogar-se se aquela gesticulação não seria apropriada à peça

3 Este era, então, o título de Oriane, pois seu marido só viria a usar o título de Duque de Guermantes após a morte de seu pai.

que executavam e que não se encaixava nos padrões da música que estava mais habituada a ouvir; perguntava-se se o fato de se abster de gesticular não seria um sinal de incompreensão relativamente à obra em si e de indelicadeza para com a dona da casa. De modo que para exteriorizar, de forma meio desajeitada, esses seus sentimentos contraditórios, ora levantava a alça das ombreiras, ora ajeitava, observando com fria curiosidade a sua fogosa vizinha, as bolinhas de coral ou de esmalte rosa, salpicadas de diamantes, que lhe ornamentavam o cabelo, compondo um penteado simples e encantador, ora marcava o compasso com o leque, porém a contratempo, para não abdicar totalmente da sua independência.

(*CCS*, I, 325-326)

– Ah, princesa, não é em vão que a senhora é uma Guermantes. Não há dúvida que tem o espírito dos Guermantes !

– Falam-me sempre desse espírito *dos* Guermantes, mas ainda não consegui compreender porquê! Se assim é, o senhor deve conhecer *outros* que também o têm – acrescentou ela com uma gargalhada borbulhante e jovial, os traços do rosto concentrados e unidos nas malhas da sua alegria, os olhos faiscantes, iluminados por um radioso sol de contentamento, os quais tinham, por si só, o dom de fazer resplandecer quaisquer palavras, mesmo as da própria princesa, como um louvor à sua inteligência ou à sua beleza. – Mas repare, Swann está cumprimentando a *sua* Cambremer… Ali, ao lado da mãe Saint-Euverte, não está a vê-lo? Peça-lhe que a apresente, mas apresse-se, pois ele parece estar de saída!

– A senhora já notou como ele tem má cara ? – disse o general.

– Meu bom Charles! Ah, lá vem ele finalmente. Começava a supor que não me queria ver!

Swann sentia grande afeição pela princesa des Laumes, porque esta lhe lembrava Guermantes, a terra ao lado de Combray, toda essa região que ele tanto amava …

(*ibidem*, I, 334)

No momento em que se dava início à segunda peça, olhei na direção do camarote da senhora de Guermantes. A princesa acabava – através de um movimento criador de uma deliciosa linha que a minha alma perseguiu no vácuo – de virar a cabeça para o interior do camarote; os convidados estavam de pé, igualmente voltados para o fundo, e, entre a dupla ala que formavam, surgiu a duquesa de Guermantes envolta em musselinas brancas com uma segurança e uma grandeza dignas de uma deusa, mas simultaneamente com uma doçura insuspeitada devida ao constrangimento, simulado e risonho, por chegar tarde e obrigar toda a gente a levantar-se, já começada a representação. Dirigiu-se primeiramente a sua prima, fez uma profunda reverência a um jovem louro sentado na primeira fila e, voltando-se para os monstros marinhos e sagrados que flutuavam no fundo da caverna, saudou esses semideuses do Jockey Club – que, naquele momento, eram os homens, em particular o senhor de Palancy, que eu mais desejaria ser – com um aceno familiar de velha amiga, uma alusão ao dia-a-dia do seu mútuo relacionamento desde há quinze anos. Eu pressentia o mistério, mas não podia decifrar o enigma desse olhar sorridente dirigido aos amigos, presente no clarão azulado que o iluminava, enquanto ela ia abandonando a mão a uns e outros, e que, caso me fosse possível decompor aquele prisma e analisar-lhe as cristalizações, talvez me revelasse a essência da vida oculta que se revelava naquele preciso momento.

(*CG,* II, 352)

Por que razão, em determinado dia, vendo avançar de frente, sob um chapéu cor de malva, um rosto suave e doce, de encantos simetricamente distribuídos em torno de dois olhos azuis, no qual a linha do nariz parecia esbatida, tivera o pressentimento emocionado e feliz de que não voltaria para casa sem ver a senhora de Guermantes? Porque sentia eu a mesma perturbação, fingia a mesma indiferença, desviava os olhos da mesma maneira distraída da véspera diante da súbita aparição de perfil, numa rua secundária e sob um toucado azul-marinho, de um nariz em bico de pássaro num rosto vermelho visto de lado, rematado por um olho penetrante, qual divindade egípcia? Certa vez, não vi apenas uma mulher com bico de pássaro, mas uma verdadeira ave. Tanto o vestido como a touca da senhora de Guermantes eram de peles, e, não se vendo tecido em parte alguma, toda ela parecia forrada de peles pela Natureza, como certos abutres cuja plumagem espessa, uniforme, fulva e macia tem o aspecto de pelagem. No meio dessa plumagem natural, a delicada cabeça curvava o bico de pássaro, e os olhos à flor do rosto eram azuis e perscrutadores.

(*ibidem*, II, 361)

Ela usava agora vestidos mais leves, ou pelo menos de cores mais claras, e descia a rua onde, como se fosse Primavera, defronte das lojas estreitas, intercaladas entre as vastas fachadas dos velhos palacetes aristocráticos, na barraca da vendedora de manteiga, de frutas e legumes, havia já toldos estendidos contra o sol. Dizia para comigo que a mulher que via de longe caminhar, abrir a sombrinha, atravessar a rua, era, na opinião dos conhecedores, a maior artista da atualidade na arte de realizar cada um desses gestos e de fazer de cada um deles algo de verdadeiramente delicioso. Entretanto, ela avançava ignorando esta reputação avulsa, o corpo delgado – refratário porque nada absorvera dela – curvado obliquamente sob uma echarpe de seda violeta; seus olhos claros, enfadados, olhavam em frente distraidamente e talvez me tivessem visto; mordia o canto do lábio; e, com a mesma curiosidade com que observaria um grande pintor dando as suas pinceladas, vi-a levantar o regalo, dar esmola a um pobre, comprar um raminho de violetas a uma vendedora. E quando, já perto de mim, me dirigia uma saudação à qual acrescentava por vezes um breve sorriso, era como se executasse para mim, acrescentando uma dedicatória, uma aquarela que era uma obra-prima.

(*ibidem*, II, 442)

Dir-se-ia que a duquesa tinha adivinhado que sua prima – de quem, segundo constava, troçava por causa dos exageros (um vocábulo que, do seu ponto de vista espiritualmente francês e bastante moderado, logo assumia a poesia e a exuberância germânicas) –, usava nessa noite uma daquelas *toilettes* que ela considerava um "traje de baile de máscaras", e que lhe queria dar uma lição de bom-gosto. Em vez das suaves e magníficas plumas que desciam da cabeça da princesa até ao pescoço, em vez da rede de cabelo constelada de conchas e de pérolas, a duquesa trazia apenas uma *aigrette* muito simples que, dominando o nariz recurvo e os olhos proeminentes, parecia o penacho de uma ave. O pescoço e os ombros emergiam de uma onda branca como a neve, em musselina, na qual vinha bater um leque de penas de cisne, mas o corpete do vestido – bordado de pequenas lantejoulas metálicas, alongadas ou redondas como grãos, ou ainda de brilhantes – moldava a silhueta da duquesa com uma precisão britânica. Todavia, por mais dissemelhantes que fossem as duas indumentárias, depois de a princesa ter cedido a sua prima a cadeira que ocupava, vimo-las voltadas uma para a outra, admirando-se mutuamente.

Talvez, no dia seguinte, a senhora de Guermantes comentaria com um sorriso o toucado da princesa, um pouco elaborado demais, mas acrescentaria sem dúvida que a prima estava encantadora, maravilhosamente vestida; e a princesa, para cujo gosto a maneira de vestir da duquesa era um tanto fria e despojada, um pouco "alta-costura", descobriria nessa sobriedade estrita um requinte cheio de distinção. Aliás, entre elas, a harmonia e a gravitação universal e preestabelecida da educação comum neutralizavam não só os contrastes dos trajos e adornos, como os das atitudes. O temperamento naturalmente expansivo da princesa expirava nas linhas invisíveis e magnéticas que a elegância de maneiras estendia entre ambas, enquanto que a retidão da duquesa era atraída e como que desviada por elas, transformando-se em doçura e encanto.

(*ibidem*, II, 353-354)

No instante em que a senhora de Guermantes atravessou o salão onde eu estava, com o pensamento cheio da lembrança de amigos que eu não conhecia e que ela iria talvez encontrar a seguir numa outra recepção, viu-me sentado na minha *bergère*, agora um verdadeiro indiferente que procurava apenas ser amável, enquanto que, quando a amava, tanto tinha tentado, sem conseguir, assumir um ar de indiferença. Ela desviou na minha direção, reencontrando o sorriso daquela noite na Ópera, que o sentimento embaraçoso de ser amada por alguém que ela não amava, nunca mais apaga.

– Oh, não se incomode! Posso sentar-me um instante a seu lado? – disse, apanhando graciosamente a saia imensa que, sem isso, teria ocupado toda a *bèrgere*.

Mais alta do que eu, o volume do vestido aumentando ainda o seu tamanho, quase me roçava com o braço admirável e nu, em volta do qual uma penugem imperceptível emanava um perpétuo halo dourado, enquanto sentia o aroma enviado pelo entrançado louro dos seus cabelos. Não havendo espaço livre, não lhe era fácil voltar-se de lado e, obrigada a olhar em frente mais do que para mim, assumia uma expressão terna e sonhadora, como num retrato.

– Tem notícias de Robert? – perguntou.

(*ibidem,* II, 669)

– Creio que conhece o senhor Elstir – disse-me a duquesa. – É um homem agradável.

– E inteligente – acrescentou o duque. – Quando se fala com ele, até nos espantamos que a sua pintura seja tão vulgar.

– Além de inteligência, tem muito espírito – disse a duquesa com esse ar entendido e apreciador de alguém que sabe do que fala.

– Ele não tinha começado um retrato seu, Oriane? – perguntou a princesa de Parma.

– É verdade – respondeu a senhora de Guermantes. – Em vermelho-lagostim. Não será isso que fará passar o seu nome à posteridade. É um horror! Basin até queria destruí-lo.

A senhora de Guermantes dizia frequentemente essa frase, mas, noutras ocasiões, a apreciação era diversa: "Não gosto dos quadros de Elstir, mas, há tempos, fez um belo retrato meu." Um destes juízos destinava-se habitualmente às pessoas que falavam do retrato à duquesa, enquanto que o outro era dirigido aos que não lho mencionavam e a quem ela desejava comunicar a sua existência. O primeiro era inspirado pela coqueteria, o segundo pela vaidade.

– Um retrato seu, um horror?! Mas então não é um retrato, é uma mentira! Eu, que mal sei pegar num pincel, creio que, se a pintasse, bastar-me-ia reproduzir o que vejo para executar uma obra-prima – disse ingenuamente a princesa de Parma.

(*ibidem*, II, 791)

O senhor de Guermantes voltou a entrar, e logo de seguida a mulher, já pronta, alta e soberba com um vestido de cetim vermelho, de saia bordada a lantejoulas. Trazia presa ao cabelo uma grande pluma de avestruz tingida de púrpura, e nos ombros uma echarpe de tule do mesmo tom de vermelho.

– Que boa ideia mandar forrar de verde o seu chapéu – disse a duquesa, a quem nada escapava. – De resto, não há nada em você, Charles, que não seja bonito, tanto o que usa, como o que diz, o que lê e o que faz.

Entretanto, Swann, sem mostrar ter ouvido, observava a duquesa como se esta fosse uma tela de mestre e em seguida, procurando-lhe o olhar, fez um trejeito com a boca a significar: ”Bravo!”. A senhora de Guermantes soltou uma gargalhada.

– Fico encantada que aprove a minha *toilette*, mas confesso que a mim não me agrada muito – continuou ela com um certo ar de enfado. – Meu Deus, que maçada ter de me vestir, ter de sair, quando me apetecia tanto ficar em casa!

– Esses rubis são magníficos!

– Ah, meu caro Charles, ao menos você sabe apreciar, não é como aquele bronco do Monserfeuil que me perguntou se eram verdadeiros. Devo dizer que nunca vi rubis tão belos. São um presente da grã-duquesa. Bem, para meu gosto talvez sejam um pouco grandes, um pouco “copo de *bordeaux* transbordante”, mas uso-os hoje porque vamos encontrar a grã-duquesa em casa de Marie-Gilbert – acrescentou a senhora de Guermantes, sem se aperceber que esta informação contradizia a do duque.

– Ah, sim? E o que há em casa da princesa? – perguntou Swann.

(*ibidem*, II, 871)

A senhora de Guermantes avançou em passo decidido para a carruagem, e acenou um último adeus a Swann.

– Voltaremos a falar disso, seguramente. Não acredito numa só palavra do que você diz, mas precisamos falar os dois. Penso que o assustaram estupidamente! Venha almoçar quando quiser (para a senhora de Guermantes tudo se resolvia com almoços), só precisa de me dizer o dia e a hora.

Arregaçou um pouco a saia e pousou o pé no estribo, fazendo menção de entrar na carruagem. Ao vislumbrar o pé da mulher, o duque exclamou com voz terrível:

– Oriane, minha pobre infeliz, o que é que você ia fazer?! Está com sapatos pretos! Com uma *toilette* vermelha! Suba depressa e calce sapatos vermelhos..., ou então – disse para o lacaio – , vá dizer imediatamente à criada de quarto da senhora duquesa para trazer cá abaixo os sapatos vermelhos.

– Mas, meu amigo – respondeu suavemente a duquesa, constrangida ao reparar que Swann, que saía comigo mas que parara para deixar passar primeiro a carruagem, tinha ouvido tudo – , se já estamos atrasados...

– Não, não, temos muito tempo! Faltam dez para as oito, e daqui ao Parque Monceau nem levamos dez minutos. E depois, enfim, mesmo que fossem oito e meia, eles que esperem, mas você, Oriane, você é que não pode aparecer de vestido vermelho e sapatos pretos! Além do mais, não seremos os últimos, bem sabe que os Sassenage nunca chegam antes das nove menos vinte.

A duquesa voltou a subir aos seus aposentos.

– Estão a ver? – disse-nos o senhor de Guermantes. – Pobres maridos! Fazem tanta troça deles, mas, afinal, ainda têm algum préstimo. Se não fosse eu, Oriane ia ao jantar com sapatos pretos.

– Não ficavam mal – disse Swann. Pela minha parte, tinha reparado nos sapatos pretos e não me tinham chocado absolutamente nada.

– Não digo que ficassem mal – respondeu o duque –, mas se forem da mesma cor do vestido é muito mais elegante. E, depois, descanse que ela, mal lá chegasse, dava logo por isso e era eu quem teria de voltar para trás a buscar os sapatos. Ia começar a jantar às nove horas! Adeus, meninos, vão andando antes que Oriane desça – disse ele, empurrando-nos delicadamente. – Não que ela não goste de vos ver, pelo contrário, até gosta muito, e, se ainda vos encontra aqui, vai recomeçar a tagarelice. Cansada como já está, chega morta ao jantar. Além disso, confesso francamente que estou morrendo de fome. Almocei pessimamente, quando saí do trem. Claro que havia o famigerado molho bearnês, mas, mesmo assim, não me importava nada, mas mesmo nada, de me sentar à mesa quanto antes. Oito menos cinco! Ah, as mulheres! Ainda nos vai fazer mal ao estômago, e ela tem menos saúde do que se possa julgar.

(*ibidem*, II, 883-884)

Em geral, os olhos da duquesa de Guermantes eram distraídos e um tanto melancólicos. Apenas brilhavam com um fulgor anímico de cada vez que saudava um amigo, absolutamente como se esse fulgor fosse uma frase com espírito, uma tirada ou atitude cativante, um mimo para pessoas refinadas, cuja degustação espelhava no rosto do *connaisseur* uma expressão de vivacidade e alegria. Porém, em grandes saraus, onde tinha de saudar inúmeras pessoas, seria demasiado cansativo extinguir essa chama após cada cumprimento. Tal como um apreciador de literatura, que vai ao teatro assistir a uma novidade de um dos mestres da dramaturgia, demonstra a sua confiança num serão compensador preparando previamente, enquanto entrega os agasalhos à encarregada do vestiário, os lábios para um sorriso sagaz e despertando o olhar para uma aprovação maliciosa, de igual modo a duquesa, desde que chegava, acendia a chama do olhar para toda a noite. E depois de entregar o casaco de grande gala, de um esplêndido vermelho Tiepolo, que deixava entrever a gargantilha de rubis, e de lançar um último olhar ao vestido, esse olhar rápido, minucioso e completo de costureira que é o de uma mulher de sociedade, Oriane certificou-se do faiscar dos olhos não menos do que o das suas outras jóias.

(*SG,* III, 61)

Caminhando a meu lado, a duquesa de Guermantes deixava a luz azulada de seus olhos flutuar à sua frente, no vácuo, a fim de evitar as pessoas com quem não tinha interesse em se relacionar e das quais, por vezes, já pressentia ao longe o escolho ameaçador. Avançávamos por entre uma dupla fileira de convidados, que, sabendo que nunca seriam apresentados a "Oriane", pretendiam, ao menos, mostrá-la às mulheres como uma raridade: "Depressa, Úrsula, venha cá! Venha ver a senhora de Guermantes falando com aquele rapaz!"

(*ibidem*, III, 67-68)

– Houve um dia, por exemplo, em que a senhora foi jantar em casa da senhora de Saint-Euverte, antes de ir à casa da princesa de Guermantes, com um vestido vermelho e sapatos vermelhos – disse eu. – Estava um assombro! Fez-me lembrar uma grande flor de sangue, um rubi em chamas, nem sei ao certo como a descreveria... A senhora acha que ficaria bem a uma jovem usar um vestido como esse?

O rosto fatigado da duquesa exibiu a mesma expressão radiosa da princesa des Laumes, quando, outrora, Swann lhe dirigia elogios. Rebentou a rir gostosamente e deitou uma olhada trocista, interrogadora e lisonjeada ao senhor de Bréauté, sempre presente àquela hora, o qual ia ensaiando um sorriso de indulgência sob o monóculo perante aquela exaltação física de um homem mais jovem, que lhe parecia escondida numa charada de intelectual. Os olhos da duquesa pareciam dizer: "Mas o que é que lhe deu? Ficou louco!" Então, virou-se para mim com um ar malicioso:

– Não sabia que parecia um rubi em chamas ou uma flor de sangue, mas lembro-me que, de fato, tive um vestido vermelho, de cetim vermelho como então se usava. Sim, creio que uma jovem poderá vestir isso, mas você não me disse que ela nunca saía à noite? Ora é um vestido de grande gala, não é para usar para fazer visitas.

(*P*, III, 547)

Algumas antigas amigas de Swann olhavam agora por Gilberte. Quando se soube no meio aristocrático que ela recebera uma nova herança, começaram a reparar que era muito bem educada e que daria uma esposa encantadora. Dizia-se que uma prima da senhora de Guermantes, a princesa de Nièvre, pensava em Gilberte para o filho. A senhora de Guermantes, que detestava a princesa de Nièvre, tratou imediatamente de espalhar que esse casamento seria um escândalo. Apavorada, a senhora de Nièvre jurou por tudo que nunca tal coisa lhe passara pela cabeça. Um dia, depois do almoço, como estivesse um tempo magnífico, o senhor de Guermantes convidou a mulher para sair. Diante do espelho, a senhora de Guermantes dava um último retoque no chapéu, os olhos azuis olhando para si mesmos e para os cabelos ainda louros, enquanto a criada de quarto segurava na mão várias sombrinhas para que a patroa escolhesse. O sol entrava a rodos pela janela, e tinham decidido aproveitar esse dia tão bonito para visitar Saint-Cloud. O senhor de Guermantes, já pronto, de luvas cinza-pérola e cartola, dizia para consigo: "Oriane continua verdadeiramente espantosa! É deliciosa..."

(*AD*, IV, 159)

Uma mulher, que conhecera antigamente ainda jovem, presentemente de cabeça toda branca e mirrada como uma bruxa malfazeja, parecia comprovar a necessidade de, no *intermezzo* de canto e dança de uma peça teatral, as pessoas se travestirem a fim de não serem reconhecidas. O irmão, porém, mantinha um porte tão ereto, tão igual ao que fora, que era motivo de admiração que, no rosto jovem, tivesse pintado de branco o bigode retorcido. As partes embranquecidas das barbas, até aí inteiramente escuras, tornavam melancólica a paisagem humana dessa manhã, tal como as primeiras folhas amarelas das árvores, quando acreditamos ter ainda pela frente um longo verão, e, antes que o possamos começar a gozar, descobrimos que é outono. Então, eu, que desde a infância vivia um dia de cada vez, que, aliás, recebi de mim mesmo e dos outros uma impressão definitiva, apercebi-me pela primeira vez, através das metamorfoses produzidas em todas essas pessoas, do tempo que passara por elas, o que me perturbou pela revelação de que, assim sendo, também tinha passado por mim. E, em si mesma indiferente, a velhice dessas pessoas desolava-me, na medida em que me avisava da aproximação da minha. Esta foi-me, de resto, proclamada, golpe a golpe, pelas palavras que, com minutos de intervalo, ribombaram sobre mim como as trombetas do Juízo Final. As primeiras vieram da duquesa de Guermantes; acabava de a ver passar por entre uma fila de curiosos que, não se apercebendo dos maravilhosos artifícios de *toilette* e de estética, emocionados perante a visão daquela cabeça ruiva, daquele corpo de pele "de salmão", que mal se deixava ver imerso em hastes flexíveis de renda preta, estrangulado por jóias, o contemplavam na sinuosidade hereditária de suas linhas, como se estivessem contemplando um velho peixe sagrado carregado de pedrarias, no qual o gênio protetor da família de Guermantes tinha incarnado.

– Ah!, que alegria voltar a vê-lo! – exclamou ela. – Você, o meu mais velho amigo!

E o amor-próprio do jovem de Combray – que jamais imaginara, em momento algum, vir a ser um dos seus amigos, participando realmente da verdadeira e misteriosa vida que se vivia em casa dos Guermantes, em pé de igualdade com outros amigos, como o senhor de Bréauté, o senhor de Forestelle ou Swann, todos eles já falecidos – que deveria sentir-se lisonjeado, sentiu-se sobretudo triste. "O quê?! Seu *mais velho* amigo? – interrogava-me. – Enfim, ela exagera; talvez um dos mais velhos, mas serei na verdade ...?"

(*TR*, IV, 505-506)

28. O DUQUE DE GUERMANTES

O duque de Guermantes entrou no camarote logo após a mulher, de sobrancelhas, lábios e abas da casaca afastados, destacando os reflexos produzidos pelo monóculo, pelo sorriso, pela brancura do cravo ou do peitilho plissado da camisa; muito direito, sem virar a cabeça, ia pousando a mão estendida nos ombros dos 'monstros inferiores da gruta' que lhe cediam o lugar, num gesto que lhes dizia para se sentarem novamente, e inclinou-se profundamente diante do jovem louro.

(*CG,* II, 353)

A senhora de Guermantes acabava de ver entrar o marido e, pelas palavras que pronunciara, fazia alusão à impressão cômica que davam, como se os dois estivessem a fazer uma visita de noivos, em lugar de deixar transparecer o seu relacionamento muitas vezes difícil com aquele homem enorme e vigoroso, que, embora já de meia-idade, continuava a levar uma vida de homem jovem. Passeando sobre as numerosas pessoas sentadas à mesa do chá um olhar afável, malicioso e um pouco ofuscado pelos raios do sol poente, as pupilas diminutas e redondas colocadas com toda a exatidão em seus olhos como o centro de um alvo, a "mosca" que o excelente atirador – que ele era – sabia visar e atingir na perfeição, o duque avançou com uma lentidão deslumbrada e prudente como se, intimidado por tão ilustre assembléia, receasse pisar algum vestido ou interromper uma conversa. Um sorriso permanente "de bom rei de Yvetot" ligeiramente embriagado, uma mão meio estendida flutuando ao lado do peito como a barbatana de um tubarão, que indistintamente iam deixando que velhos amigos e desconhecidos, que lhe iam sendo apresentados, fossem apertando, permitiam-lhe, sem ter de fazer um único gesto nem interromper a sua volta descontraída, bonacheirona, indolente e régia, satisfazer a solicitude de todos, apenas murmurando : "Boa tarde, meu caro",

"Boa tarde, meu querido amigo", "Muito prazer, senhor Bloch", "Boa tarde, Argencourt...", e chegando perto de mim – o mais favorecido – quando ouviu o meu sobrenome, "Ah, boa tarde, meu caro vizinho! Como está o seu pai? Um homem de valor!" O duque guardou as suas manifestações mais efusivas para a senhora de Villeparisis, que o cumprimentou com um aceno de cabeça ...

Formidavelmente rico num meio em que as pessoas o são cada vez menos, tendo assimilado de um modo permanente na sua pessoa a noção dessa fortuna enorme, duplicava em si mesmo a vaidade de grande senhor e a de homem endinheirado, sendo que a esmerada educação do primeiro continha na medida exata a presunção do segundo. De resto, era compreensível que todo o sucesso que tinha junto das mulheres – e que fazia a infelicidade da sua – não se devesse somente ao nome e à fortuna, pois que o duque de Guermantes era ainda um belo homem, com um perfil de uma pureza de contornos de deus grego.

(*ibidem*, II, 520-521)

O senhor de Guermantes, soberbo, olímpico, pesado, estava sentado ao lado da senhora de Villeparisis. Era como se o sentimento da sua enorme riqueza, onipresente em todos os seus membros, lhe conferisse uma densidade particularmente elevada, como se toda essa riqueza tivesse sido fundida num cadinho num único lingote humano, produzindo aquele homem que valia tanto dinheiro. Quando fui despedir-me dele, levantou-se educadamente; senti a massa inerte de trinta milhões, que a velha educação francesa fazia mover, erguer-se e ficar de pé à minha frente. Parecia-me ver diante de mim aquela estátua do Zeus Olímpico que, segundo dizem, Fídias fundiu totalmente em ouro. Tal era o poder que a educação jesuíta tinha sobre o senhor de Guermantes, pelo menos sobre o corpo do senhor de Guermantes, já que a mesma não reinava por igual na alma do duque. O senhor de Guermantes ria das palavras espirituosas que ele próprio dizia, mas ficava impassível com as dos outros.

(*ibidem*, II, 580-581)

– Mas, Basin, você pode ler isso mais tarde – disse a duquesa.

– Oh, não, o duque fica tão bem assim como está, com a barba caída sobre o jornal ! – exclamou Gilberte. – Logo que chegue a casa, hei-de ler esse artigo.

– Sim, ele agora usa barba quando toda a gente anda de rosto barbeado ; nunca faz nada como as outras pessoas – disse a duquesa. – Quando nos casamos, não usava barba, nem tão pouco bigode! Os camponeses, que não o conheciam, nem acreditavam que fosse francês. Nessa altura, usava o título de príncipe des Laumes ...

– Ainda existe um príncipe des Laumes ? – perguntou Gilberte, muito interessada por tudo o que dissesse respeito a pessoas que, durante tanto tempo, nem a cumprimentavam.

– Ah, não – respondeu a duquesa com um olhar doce e melancólico.

– Um título tão bonito..., um dos mais belos títulos de França! – exclamou Gilberte.

(*AD*, IV, 163-164)

Mas, dizia eu, Basin escanhoava totalmente o rosto. Um dia, numa peregrinação..., lembra-se, meu caro ? – disse ela para o marido –, aquela peregrinação a Paray-le-Monial, o meu cunhado Charlus, que adora meter conversa com os camponeses, ia perguntando a um e a outro "E tu, de onde és ?", e, como é muito generoso, sempre lhes ia dando qualquer coisa, levava-os a beber... Porque não há pessoa que seja ao mesmo tempo mais altiva e mais simples do que Mémé. É bem capaz de não cumprimentar uma duquesa, se achar que ela não é suficientemente duquesa, e de presentear o criado que trata dos cães. Então, eu disse a Basin: "Vá lá, Basin, fale também um pouco com eles." O meu marido, que nem sempre é muito inventivo ...

– Obrigado, Oriane – disse o duque, sem interromper a leitura do meu artigo em que estava mergulhado.

– ..., avistou um camponês e repetiu textualmente a pergunta do irmão : " E tu, de onde és ?" – "Sou de Laumes" – "Ah, sim ? És de Laumes ? Pois olha, eu sou o teu príncipe." O campónio encarou o rosto barbeado de Basin e respondeu : “Ah, não pode ser verdade. O senhor é um *English*”.

(*ibidem*, IV, 164)

O velho duque de Guermantes já não saía, porque passava os dias e os serões com Odette. Hoje, porém, passou a vê-la apenas um instante, apesar da contrariedade de encontrar a sua mulher. Eu não o tinha visto e seguramente não o teria reconhecido, se não me tivessem dito expressamente quem era. Não passava de uma ruína, ainda que soberba, e menos ainda que uma ruína, essa coisa bela e romântica que pode ser um rochedo batido pela tempestade. Fustigado por todos os lados por vagas de sofrimento, de raiva de sofrer e da maré da morte a subir que o assaltavam, o rosto do duque, esboroando-se em bloco, mantinha o estilo e os contornos que sempre lhe admirei; estava corroído como uma dessas belas cabeças antigas já bastante estragadas, mas com que gostamos de ornamentar o escritório. Apenas dava a impressão de pertencer a uma época mais antiga que dantes, não só porque a matéria de que era feita, outrora tão brilhante, tinha ganho um aspecto tosco e quebradiço, mas também porque a expressão de argúcia e jovialidade dera lugar a uma expressão inconsciente e involuntária construída pela doença, uma expressão de luta contra a morte, de resistência, de dificuldade de viver. As artérias, perdida toda a sua elasticidade, conferiam ao rosto outrora descontraído uma rigidez de estátua. E sem que o duque o suspeitasse, revelava detalhes da nuca, da face, da testa, onde todo o seu ser, como se fosse obrigado a agarrar-se desesperadamente a cada minuto, parecia estar a ser abalado por trágicas rajadas de vento, enquanto as madeixas brancas da magnífica cabeleira, agora não tão abundante, vinham borrifar de espuma o promontório invadido que era o seu rosto. E tal como esses reflexos estranhos e únicos, que só a aproximação da tempestade que tudo arrasa dá aos rochedos que até aí tinham outra cor, percebi que o cinzento plúmbeo das faces rígidas e consumidas, o cinza esbranquiçado das madeixas, a débil luz ainda presente nos olhos que já mal enxergavam, não eram tons irreais, mas, pelo contrário, bem reais ainda que fantásticos, cedidos pela paleta, as gradações – inimitáveis nos escuros assustadores e proféticos – da velhice e da proximidade da morte.

O duque ficou apenas o tempo suficiente para eu perceber que Odette, habituada a admiradores mais novos, fazia troça dele. Mas, coisa curiosa, ele que outrora quase se tornava ridículo quando assumia a pose de um rei de peça teatral, ganhara agora um ar verdadeiramente grandioso, um pouco como o do irmão, com quem a velhice, desembaraçando-o de tudo o que é acessório, o tornara parecido. E tal como o senhor de Charlus, ele, antigamente tão orgulhoso se bem que de uma outra maneira, parecia quase respeitoso, embora também de uma forma diferente. Porque o duque não sofrera a decadência do irmão, reduzido a cumprimentar com uma cortesia de doente desmemoriado aqueles que antigamente desprezara. Todavia, estava muito envelhecido; quando pretendeu descer as escadas para sair, a velhice – que é, afinal, o mais miserável estado a que os homens podem chegar e que por si só os faz parecer, tanto quanto é possível, aos reis das tragédias gregas –, forçando-o a parar na encruzilhada em que se transforma a vida dos impotentes ameaçados, a limpar a testa úmida, a tatear e a procurar com o olhar um degrau que lhe fugia debaixo dos pés, porque precisava da ajuda dos outros para os seus passos inseguros e para os seus olhos enevoados, parecendo que a implorava docemente, timidamente, a velhice tornara-o mais do que augusto, suplicante.

(*TR*, IV, 594-595)

29. O PRÍNCIPE DE GUERMANTES

À primeira vista, não percebi por que razão hesitei em reconhecer o dono da casa e os convidados, e por que razão todos pareciam estar fantasiados, com os cabelos muito empoados, o que os transformava por completo. O príncipe, na qualidade de anfitrião, ainda mantinha aquele mesmo ar bonacheirão de um rei de conto de fadas que lhe vira na primeira vez, mas naquele momento, simulando submeter-se ele próprio à etiqueta que impusera aos convidados, tinha acrescentado uma barba branca ridícula, dando a impressão, enquanto arrastava os pés que lhe pesavam como se usasse solas de chumbo, que escolhera para si a representação de uma das "idades da vida". Os bigodes, igualmente brancos, pareciam trazer colados pedaços de gelo da floresta do Pequeno Polegar, causando incômodo à boca enrugada, mas, uma vez produzido o efeito desejado, deveria tê-los tirado. A verdade é que só o reconheci recorrendo ao raciocínio, tirando conclusões sobre a identidade da pessoa pela simples parecença de certos traços ...

(*TR*, IV, 499)

30. A PRINCESA DE GUERMANTES

Mas de todos esses refúgios a cujo limiar a leve preocupação de vislumbrar as obras dos homens conduzia as deusas curiosas, que não deixavam que ninguém se aproximasse, o mais famoso era o esconderijo semi-obscuro conhecido pelo nome de camarote da princesa de Guermantes.

Tal como uma grande deusa que preside de longe aos jogos de deusas inferiores, a princesa ficara propositadamente ao fundo, num canapé lateral, vermelho como um rochedo de coral, ao lado de uma larga reverberação vítrea, provavelmente um espelho, que lembrava uma secção produzida por um raio, perpendicular, obscura e líquida, no cristal ofuscante das águas. Simultaneamente pluma e corola, assim como certas florações marinhas, uma grande flor branca com uma penugem de asa descia da fronte da princesa ao longo de uma face, cuja curva reproduzia com uma graciosidade coquete, amorosa e viva, parecendo abrigá-la em parte como um ovo rosado na doçura de um ninho de alcíone. Cobrindo os cabelos da princesa, descendo até às sobrancelhas e apanhada mais abaixo à altura da garganta, estendia-se uma rede feita com essas conchas brancas que se apanham em certos mares austrais, entrelaçadas com pérolas num mosaico marinho acabado de sair das ondas e que, por momentos, tinha mergulhado na sombra, em cujo fundo, mesmo então, se revelava uma presença humana na mobilidade radiosa dos olhos da princesa. A beleza que a punha muito acima das outras mulheres fabulosas da penumbra não se inscrevia por inteiro, matcrialmente e inclusivamente, na nuca, nos ombros, nos braços ou na cintura. Mas a sua deliciosa linha inacabada era o exato ponto de partida, o chamariz inevitável das linhas invisíveis nas quais o olhar não se podia impedir de as prolongar, maravilhosas que eram, engendradas em volta de uma mulher como o espectro de uma figura ideal projetada nas trevas.

– É a princesa de Guermantes – disse a minha vizinha ao senhor que a acompanhava.

(*CG,* II, 340-341)

Então, a Princesa lançava-lhe um olhar com aqueles seus belos olhos talhados num diamante, os quais, nesses momentos, pareciam liquescer a inteligência e a amizade, mas que, quando em repouso, reduzidos à sua pura beleza material, ao seu simples estado mineralógico, se o menor reflexo os deslocava ligeiramente, incendiavam toda a platéia com o fulgor de suas chamas etéreas, horizontais e esplêndidas. Todavia, porque o ato da *Fedra* representada pela Berma ia começar, a princesa chegou-se à frente do camarote; então, como se também ela fosse uma aparição teatral, vi mudar, na diferente zona de luz que atravessou, não só a cor como a matéria dos seus adornos. E, no camarote – agora em seco, emerso, não pertencendo mais ao mundo aquático – , a princesa, que deixara de ser uma nereida, surgiu no seu toucado azul e branco como uma maravilhosa atriz trágica vestida de Zaïre, ou até de Orosmane. Depois, quando se sentou na primeira fila, reparei que o doce ninho de alcíone, que lhe protegia ternamente o nácar rosado das faces, era suave, aveludado e esplendoroso, uma imensa ave-do-paraíso.

(*CG,* II, 343-344)

VI

O FAUBOURG SAINT-GERMAIN

31. O MARQUÊS DE NORPOIS

Mas a perfeita independência dos músculos da cara, que o senhor de Norpois atingira, permitia-lhe escutar sem parecer que estava a ouvir. O meu pai acabava por ficar perturbado: "Tinha pensado aconselhar-me com a Comissão...", dizia ele ao senhor de Norpois depois de longos preâmbulos. Então, do rosto do aristocrático *virtuose*, que havia conservado a inércia do instrumentista que aguarda o momento de executar a sua parte, jorrava num caudal regular e em tom agudo de finalização, mas desta vez num outro timbre, a frase começada: "Que, naturalmente, o senhor não hesitará em convocar, tanto mais que conhece cada um dos membros individualmente, e que podem deslocar-se com facilidade." Evidentemente este remate não era em si mesmo extraordinário, mas a imobilidade que o precedera conferia-lhe o realce da limpidez cristalina, do imprevisto quase malicioso de certas frases com que o piano, até aí silencioso, dá a réplica no momento certo ao violoncelo, que acabamos de ouvir num concerto de Mozart.

(*JFF*, I, 417)

(...)

A avançada idade do marquês de Norpois enfraquecera-lhe a sonoridade da voz, mas, em compensação, dera ao seu discurso, outrora tão reservado, uma verdadeira intemperança. Talvez se devesse procurar a causa em ambições que ele sabia já não ter muito tempo para realizar e que, sobretudo por isso mesmo, o enchiam de veemência e fogosidade; ou talvez no fato de que, arredado da política a que ele aspirava ardentemente regressar, acreditava, com a ingenuidade de quem deseja muito, poder afastar com as suas críticas demolidoras aqueles que ele tanto se empenhava em substituir. Da mesma forma, vemos políticos certificarem-se de que o governo em que não participam não se manterá três dias. Aliás, seria exagerado pensar-se que o senhor de Norpois perdera totalmente as tradições da linguagem diplomática. Sempre que se tratava de "assuntos relevantes", reencontrávamos – como iremos ver – o homem que tínhamos conhecido, mas mais freqüentemente o senhor de Norpois atacava uns e outros com a mesma violência senil que lança certos octogenários sobre mulheres, a quem já não podem causar grande dano.

(*AD,* IV, 210)

Um senhor que terminava o jantar cumprimentou o senhor de Norpois.

– Ah, veja, é o príncipe Foggi ! – disse o marquês.

– Acho que não sei a quem se refere... – suspirou a senhora de Villeparisis.

– Mas claro que sabe! É o príncipe Odon, o cunhado de sua prima Doudeauville. Não se lembra que cacei com ele em Bonnétable ?

– Ah, Odon... Não era ele que pintava ?

– Nada disso. É o que casou com a irmã do grão-duque N*** !

O senhor de Norpois falava num tom bastante áspero, como um professor descontente com o aluno, fixando os olhos azuis na senhora de Villeparisis.

Quando o príncipe acabou de tomar o café e se levantou, o senhor de Norpois apressou-se a ir ao seu encontro e com um gesto majestoso, desviando-se para se apagar a si próprio, apresentou-o à senhora de Villeparisis. E, nos poucos minutos em que o príncipe esteve sentado com eles, o senhor de Norpois nem por um instante deixou de vigiar a senhora de Villeparisis com as pupilas azuis, por complacência ou severidade de velho amante, mas principalmente por receio de que ela se lançasse num dos seus desvios de linguagem, que ele tanto apreciara, mas que ao mesmo tempo temia. Mal ela dizia ao príncipe algo de inexato, logo ele corrigia o comentário e fixava os olhos na marquesa, consternada e dócil, com a intensidade persistente de um magnetizador.

(*ibidem,* IV, 212)

32. A MARQUESA DE VILLEPARISIS

Alix agüentou o golpe sem fraquejar. Permaneceu impassível, o olhar penetrante e vazio, o nariz nobremente recurvo. Mas a pele de uma face escamava; erupções cutâneas ligeiras, estranhas, verdes e róseas, invadiam-lhe o queixo. Talvez mais um Inverno a deitasse abaixo.

(*CG,* II, 499)

Apesar do desprezo, o criado do hotel gostaria de saber o que havia de decidir quanto à reserva da mesa; ia pedir ao ascensorista que subisse a informar-se, quando, antes que tivesse tempo para tal, teve a resposta: acabava de ver a idosa senhora entrando na sala de jantar. Apesar do ar triste e cansado provocado pelo acumular dos anos; apesar de uma espécie de eczema, lepra vermelha, que lhe cobria o rosto, não tive dificuldade em reconhecer, sob a touca e envolta num mantelete preto feito na casa W***, mas que para os profanos era idêntico ao de uma velha porteira, a marquesa de Villeparisis.

(*AD,* IV, 209-210)

33. O CONDE D' ARGENCOURT

Sob este ponto de vista, o mais extraordinário de todos, a verdadeira atração da festa, era o meu inimigo pessoal, o senhor d' Argencourt. Não só exibia ridiculamente, em lugar da sua barba levemente grisalha, uma espantosa barba de uma brancura inacreditável, como também (de tal forma as pequenas mudanças físicas podem diminuir ou engrandecer uma pessoa e, mais ainda, transformar-lhe o caráter aparente, a personalidade) esse homem, cuja solenidade e rigidez forçadas ainda tinha presentes na minha memória, se havia transformado num velho mendigo incapaz de inspirar respeito, dando à sua personagem de velho caquético uma verossimilhança tal que os membros tremelicavam e os traços indefinidos do rosto, de costume altivo, não paravam de sorrir com uma beatitude apalermada. Elevada a este grau, a arte do disfarce ultrapassa-se a ela mesma e torna-se uma completa transformação da personalidade. Efetivamente, conquanto alguns pequenos detalhes me assegurassem que era de fato d' Argencourt quem dava aquele espetáculo pitoresco e inenarrável, quantos estádios sucessivos de um rosto não precisaria eu atravessar se quisesse reencontrar o d' Argencourt que conhecera e que estava tão diferente de si mesmo? E tudo isso dispondo apenas do seu próprio corpo! Era, evidentemente, o derradeiro limite até onde o mais orgulhoso dos rostos, a mais garbosa das figuras o podiam levar, excluindo a própria morte, não mais do que um farrapo humano desfeito, agitando-se para cá e para lá. Apenas relembrando certos sorrisos de Argencourt que, por vezes e por breves instantes, lhe temperavam a antiga soberba, podia encontrar neste d'Argencourt aquele que vira tantas vezes, podia compreender como era possível que este sorriso de velho negociante de roupas usadas pudesse ter existido no correto *gentleman* de outrora. E mesmo supondo que a intenção do sorriso fosse a mesma de outros tempos, a prodigiosa transformação das feições do senhor d'Argencourt, a própria matéria dos olhos através dos quais a transmitia era tão diversa, que a expressão parecia outra, e até de outro. Tive um ataque de riso perante aquele gagá sublime, tão brando na benévola caricatura que fazia de si mesmo, assim como, numa perspectiva trágica, um senhor de Charlus semi-paralítico e afável. O senhor d'Argencourt, naquela encarnação de bufão moribundo de um Regnard exagerado por Labiche, era tão acessível e cortês como o senhor de Charlus – "rei Lear", descobrindo-se pressurosamente quando cumprimentado pela mais medíocre das criaturas. Todavia, não me ocorreu expressar-lhe a minha admiração pelo efeito extraordinário que produzia. E não foi a velha antipatia que me impediu de o fazer, porque, justamente, ele estava tão mudado que eu tinha a ilusão de estar diante de uma outra pessoa, tão benevolente, desarmada e inofensiva quanto o verdadeiro d'Argencourt era distante, hostil e perigoso. De tal modo uma outra pessoa, que, atentando neste personagem inefavelmente risonho, cômico e branco, neste boneco de neve imitando um general Dourakine na infância, me pareceu que um ser humano podia passar por metamorfoses tão completas como as de certos insetos. Com a sensação de observar, através da instrutiva vitrina de um museu de História Natural, toda a evolução que o inseto mais apto e de características mais definidas e seguras pode sofrer, não era capaz de reviver diante daquela crisálida amorfa, mais vibrátil que movediça, os mesmos sentimentos que o senhor d' Argencourt desde sempre me inspirara. Mas calei-me, e não felicitei o senhor d' Argencourt por me proporcionar uma visão capaz de expandir os limites dentro dos quais se podem produzir as transformações do corpo humano.

(*TR*, IV, 500-501)

Se o senhor d' Argencourt representava aquele fantástico "número" – certamente a visão mais marcante, pelo seu lado burlesco, que eu iria guardar da sua pessoa – era como o ator que volta ao palco pela última vez, antes que o pano de cena caia no meio de gargalhadas. Se já não lhe queria mal, era porque nele, que reencontrara a inocência da primeira infância, já não havia uma única recordação do desdém que poderia ter sentido por mim, uma única lembrança de ter visto o senhor de Charlus largar-me bruscamente o braço, quer porque tais sentimentos já não existissem realmente, quer porque, para chegar até nós, eram obrigados a passar por refratores físicos tão deformantes, que a meio do caminho mudavam totalmente de significado fazendo com que o senhor d' Argencourt aparentasse ser boa pessoa, à falta de recursos físicos para expressar maldade e para reprimir aquela perpétua e cativante hilariedade.

(*ibidem,* IV, 502)

Um teatro de fantoches, mas para que eu pudesse identificar os bonecos com as pessoas que tinha conhecido, seria preciso uma leitura em vários planos simultâneos situados atrás deles, que lhes conferiam profundidade e obrigavam a um esforço mental, pois tínhamos de ver esses fantoches envelhecidos com os olhos e, ao mesmo tempo, com a memória. Eram fantoches iluminados pelas cores imateriais dos anos, bonecos que representavam o Tempo, o Tempo que, habitualmente, não é visível e que para o ser procura corpos e deles se apodera, onde quer que os encontre, para acender sobre eles a sua lanterna mágica. Tão irreal como a velha estampa de Golo por cima da maçaneta da porta do meu quarto de Combray, assim me surgia o novo e irreconhecível d' Argencourt: uma revelação do Tempo que ele tornara parcialmente visível. Nesses novos elementos que compunham o rosto e a personagem do senhor d' Argencourt, podíamos ler um determinado número de anos, podíamos reconhecer o rosto simbólico da vida, não exactamente como nos surge, ou seja, estável, mas real e tão inconstante que o distinto cavalheiro, chegada a noite, se retrata na caricatura de um negociante de roupas.

De resto, noutras pessoas, tais mudanças, autênticas alienações, pareciam deixar o mundo da História Natural, e a mim espantava-me ouvir que um nome de uma pessoa pudesse representar, não, como d' Argencout, as características de uma nova espécie, mas os sinais exteriores de um outro caráter. De fato, tal como no caso do senhor d' Argencourt, estávamos perante possibilidades insuspeitadas que o tempo poderia ter extraído de uma determinada jovem; mas essas possibilidades, embora fossem todas elas fisionômicas ou corporais, também pareciam conter qualquer coisa de moral. Os traços fisionômicos, quando mudam, quando se reajustam entre si de outra maneira, quando se harmonizam regra geral de forma mais lenta, adquirem com o novo aspecto um significado diferente. Tanto assim é que numa tal mulher – que tínhamos conhecido como uma jovem magra e seca – as faces mais cheias, agora irreconhecíveis, e o nariz inesperadamente aquilino causam a mesma surpresa, muitas vezes a mesma boa surpresa, que uma palavra sensível e inteligente, uma atitude nobre e corajosa que nunca se esperaria da sua parte. Em torno desse nariz, desse novo nariz, víamos surgirem horizontes que jamais ousáramos esperar. A bondade e a gentileza, dantes impossíveis, com aquelas faces tornavam-se possíveis. Diante daquele queixo podíamos pronunciar coisas que diante do anterior nunca nos ocorreria dizer. Todos estes novos traços de fisionomia implicavam traços de caráter igualmente novos: a jovem magra e seca transformara-se numa matrona opulenta e afável. Já não num sentido zoológico, como no caso de Argencourt, mas numa perspectiva social e moral, poder-se-ia afirmar que era outra pessoa.

Vista a esta luz, um evento festivo como aquele em que me encontrava proporcionava-me algo de muito mais precioso do que imagens do passado; oferecia-me todas as gradações sucessivas – que eu nunca vira antes – que separam o passado e o presente, mais ainda, a relação existente entre o presente e o passado. Era, como se dizia antigamente, uma "visão panorâmica", mas uma "visão panorâmica" dos anos e não do momento; era a visão de uma pessoa situada na perspectiva deformante do Tempo.

Quanto à mulher de quem o senhor d' Argencourt fora amante, não mudara muito, *se tivermos em conta o tempo que passara*, o que significava que o seu rosto não fora completamente arrasado para uma pessoa que se vai deformando ao longo do abismo para onde foi lançada, um abismo do qual não podemos precisar o trajeto que seguirá, a não ser recorrendo a comparações igualmente vãs, visto que apenas podemos ir buscá-las ao mundo da referenciação espacial e que, quer orientemos os pontos de referência no sentido da altura, do comprimento ou da largura, têm como única vantagem fazer-nos sentir que essa dimensão inconcebível e sensível existe. A efetiva necessidade de subir o curso do "rio dos anos" para poder atribuir um nome a cada rosto, obrigava-me, como reação, a restabelecer no mesmo instante, pondo-os em seu devido lugar, todos os anos em que não tinha pensado. Deste ponto de vista, e para não me deixar enganar pela identidade aparente do espaço, o aspecto totalmente diferente de uma pessoa como d' Argencourt foi para mim uma revelação surpreendente da realidade de milésimo que, regra geral, não passa de uma abstração, tal como o surgimento de certas árvores anãs ou de baobás gigantes nos adverte que acabamos de mudar de meridiano.

(*ibidem*, IV, 503-504)

34. O CONDE DE BRÉAUTÉ-CONSALVI

Enquanto me apresentavam às senhoras, reparei num cavalheiro que dava mostras de grande agitação: era o conde Hannibal de Bréauté-Consalvi. Chegado tarde, não tivera tempo de se informar acerca dos convivas e, quando entrei no salão, vendo em mim um convidado que não fazia parte do círculo da duquesa e que, por conseguinte, devia ter títulos extraordinários para estar ali, encaixou o monóculo sob a arcada superciliar convencido que a lente o ajudaria a discernir que espécie de homem eu era. Bréauté sabia que a senhora de Guermantes tinha – precioso apanágio das mulheres verdadeiramente superiores – o que se chama um "salão", isto é, juntava por vezes pessoas do seu meio com uma ou outra figura que ganhara recente notoriedade pela descoberta de algum medicamento ou pela criação de uma obra-prima.

(*CG,* II, 722)

Então, do fundo daqueles jardins onde outrora o duque d' Aiguillon criava animais raros, chegou até mim, através das portas escancaradas, o som de quem aspirava tantas elegâncias e nada queria perder. Esse ruído aproximou-se e dirigi-me ao acaso ao seu encontro, de sorte que o "boa-noite" foi sussurrado ao meu ouvido pelo senhor de Bréauté não como o ruído de ferro-velho de uma faca que se afia no amolador, menos ainda como o guincho de uma cria de javali devastando terras cultivadas, mas como a voz de um possível salvador. Com menos poder do que a senhora de Souvré, mas não tão atingido como ela por falta de vontade de ajudar, mais à-vontade com o príncipe do que a senhora d' Arpajon, porventura um tanto iludido a respeito da minha posição no círculo dos Guermantes, ou conhecendo-a talvez melhor do que eu, senti, todavia, num primeiro instante, alguma dificuldade em conseguir captar a sua atenção, porque, de asas do nariz frementes e narinas dilatadas, não parava de olhar para todos os lados ajeitando curiosamente o monóculo como se estivesse diante de quinhentas obras de arte. Mas, acabando por ouvir o meu pedido, recebeu-o com satisfação e conduziu-me até junto do príncipe, apresentando-me com um ar de gula, cerimonioso e vulgar como quem passa a alguém, recomendando-os, um prato de *petits-fours*.

(*SG,* III, 54-55)

35. O PRÍNCIPE DE AGRIGENTO

Em seguida, pedi ao duque que me apresentasse ao príncipe de Agrigento.

– Como?, você não conhece esse excelente Gri-gri? – exclamou o senhor de Guermantes, e disse o meu nome ao senhor de Agrigento.

O deste último, tantas vezes citado por Françoise, evocava-me sempre uma peça de vidro transparente através da qual vislumbrava os cubos róseos de uma cidade antiga à beira de um mar violeta, batidos pelos raios do sol dourado, nunca duvidando de que o príncipe de uma tal cidade, esse príncipe de Agrigento, tão luminosamente siciliano e gloriosamente patinado, de passagem por Paris por um breve milagre, fosse seu efetivo soberano.

Mas, infelizmente, o homem estouvado e vulgar a quem fui apresentado – que deu uma reviravolta para me cumprimentar com uma desenvoltura pesada que ele talvez considerasse elegante – tinha tanto a ver com o seu nome como uma obra de arte que lhe pertencesse, mas da qual ele não refletia o menor brilho, e para a qual talvez nunca sequer tivesse olhado. O príncipe de Agrigento era tão totalmente desprovido do que quer que fosse de principesco e que pudesse fazer lembrar Agrigento, que até era caso para supor que o seu nome, inteiramente distinto da pessoa e a ela ligado por coisa nenhuma, adquirira o poder de chamar a si tudo o que nesse homem – como em qualquer outro – pudesse existir de vaga poesia, encerrando-a depois nas sílabas encantadas. E se esta operação acontecera, fora em todo o caso muito bem realizada, pois não ficara um só átomo de charme por retirar desse parente dos Guermantes. De modo que se verificava simultaneamente que ele era o único homem do mundo a ser o príncipe de Agrigento e, porventura, o homem do mundo que o era menos. Sentia-se, porém, muito feliz por sê-lo, mas da mesma maneira que o banqueiro se sente feliz por deter inúmeras ações de uma mina, sem se preocupar se a mina responde por nomes bonitos, como mina Ivanhoe ou mina Primerose, ou se se chama simplesmente mina "número um".

(*CG*, II, 725-726)

Outros, cujo rosto se mantinha intacto, pareciam sentir constrangimentos apenas no andar; a primeira impressão era a de que sofriam das pernas; só depois se compreendia que a velhice lhes pespegara suas solas de chumbo. Mas essa mesma velhice havia embelezado outros, como o príncipe de Agrigento. Ao homem longilíneo e magro, de olhar baço e cabelos que pareciam dever ficar eternamente avermelhados, tinha sucedido, por uma metamorfose análoga à dos insetos, um homem idoso no qual os cabelos ruivos, vistos durante demasiado tempo, tinham sido – como uma toalha de mesa com muitos anos de uso – substituídos por cabelos brancos. O tronco ganhara uma corpulência desconhecida, robusta, quase guerreira, que devia ter necessitado de uma verdadeira explosão da frágil crisálida que eu conhecera; uma gravidade consciente de si mesma banhava-lhe os olhos, matizada de uma benevolência nova que se derramava sobre toda a gente. E como, apesar de tudo, subsistia uma certa semelhança entre o poderoso príncipe atual e o retrato que a minha memória guardava, admirei a força de renovação original do Tempo que, respeitando sempre a unidade do ser e as leis da vida, é capaz de transformar a este ponto e introduzir tão ousados contrastes em dois aspectos sucessivos de uma mesma personagem. (...)

(*TR*, IV, 512-513)

36. O MARQUÊS DE PALANCY

O marquês de Palancy, com o pescoço esticado, a cabeça inclinada, o grande olho redondo colado ao vidro do monóculo, deslocava-se lentamente na sombra transparente e parecia nem ver o público da platéia, como um peixe que passa nadando, alheio à multidão de visitantes curiosos no outro lado da divisória envidraçada do aquário. Deteve-se por um momento, venerável, esfalfado e musgoso, e os espectadores não seriam capazes de dizer se ele estava doente, se dormia, se nadava, se estaria prestes a pôr ovos ou se, tão somente, respirava. Ninguém suscitava em mim mais inveja do que ele, por causa do hábito que parecia ter daquele camarote e pela indiferença com que aceitava os bombons que a princesa lhe oferecia.

(*CG,* II, 343-344)

37. OS FILHOS DA SENHORA DE SURGIS

No salão de fumo, a duquesa e eu cruzamo-nos com dois rapazes, cuja grande e dissemelhante beleza tinha como origem a mesma mulher. Eram os filhos da senhora de Surgis, a nova amante do duque de Guermantes. Cada um a seu modo, ambos irradiavam as perfeições da mãe. Um tinha herdado, num corpo viril, a ondulante e régia presença da senhora de Surgis, e a mesma palidez ardente e ruiva, inviolável, afluía ao rosto de tez marmórea tanto da mãe como deste filho, enquanto o irmão herdara a fronte grega, o nariz perfeito, o pescoço de estátua, os olhos imensos. Assim composta pelos diferentes dons que a deusa havia partilhado com eles, aquela dupla beleza proporcionava o prazer abstrato de podermos pensar que a sua origem residia para além deles. Dir-se-ia que os principais atributos da mãe se tinham corporizado em dois seres distintos; que um dos jovens era a figura de estátua e a tez da mãe, e o outro os seus olhos, da mesma maneira que os entes divinos eram apenas a Força ou a Beleza de Júpiter ou de Minerva. Muito respeitosos para com o senhor de Guermantes, dele diziam : “ É um grande amigo dos nossos pais”. Contudo, o mais velho considerou mais prudente não vir cumprimentar a duquesa, de quem conhecia, sem talvez compreender o motivo, a inimizade pela sua mãe, e, mal nos avistou, virou rapidamente a cara. O mais novo, que imitava sempre o irmão, e porque era estúpido e, ainda por cima, míope, não se atrevendo a ter opiniões próprias, virou a cabeça num ângulo idêntico, e ambos deslizaram para a sala de jogos, um atrás do outro, iguais a duas figuras alegóricas.

(*SG,* III, 85)

38. A PRINCESA D' ORVILLIERS

No momento em que descíamos a escadaria, ia subindo, com um ar de cansaço muito a propósito, uma mulher que aparentava quarenta anos, embora tivesse mais. Era a princesa d'Orvilliers, filha natural, segundo se dizia, do duque de Parma, e cuja doce voz se escondia em sílabas com um leve sotaque austríaco. Avançava escada acima, alta, um pouco curvada, com um vestido de seda branca às flores, o delicioso peito arfando, palpitante e esfalfado, através de um arnês de diamantes e safiras. Enquanto sacudia a cabeça como um jumento real incomodado com o cabresto de pérolas, de valor incalculável e peso maçante, ia fixando os olhos meigos e encantadores aqui e ali – uns olhos azuis que, à medida que iam perdendo o viço, se tornavam ainda mais encantadores – e inclinava a cabeça num aceno amistoso à maioria dos convidados que já se retiravam.

– Chega a lindas horas, Paulette ! – comentou a duquesa.

– Ah, quanto lamento, mas, na verdade, foi-me materialmente impossível… – respondeu a princesa d'Orvilliers, que tinha copiado da duquesa de Guermantes aquele gênero de frases, acrescentando-lhes, porém, toda a sua doçura natural e a entoação sincera conferida pela energia de um sotaque vagamente tedesco numa voz tão terna.

(*SG,* III, 118)

39. AS SENHORAS DE CAMBREMER E DE FRANQUETOT

Por insistência da senhora de Saint-Euverte, Swann tinha ido mais para a frente e, para ouvir uma ária do *Orfeu* executada por um flautista, fora colocar-se num canto onde, infelizmente, tinha como única perspectiva visual duas senhoras de idade madura sentadas lado a lado: a marquesa de Cambremer e a viscondessa de Franquetot. Eram primas e, com as bolsas na mão e as filhas atrás, passavam os saraus à procura uma da outra como se estivessem numa gare, não sossegando enquanto não conseguiam marcar, com o leque ou um lenço, dois lugares um ao lado do outro. A senhora de Cambremer, que não se dava com muita gente da sociedade, ficava feliz por arranjar companhia, enquanto a senhora de Franquetot, que, pelo contrário, era muito bem relacionada, considerava elegante e original mostrar a todos os seus esplêndidos conhecimentos que preferia uma senhora obscura com quem tinha em comum recordações da juventude. Swann observava as duas com uma ironia melancólica, atentas ao interlúdio de piano (*São Francisco Falando aos Pássaros*, de Liszt) que sucedera à ária de flauta, seguindo o vertiginoso desempenho do *virtuose*, a viscondessa de Franquetot assaz ansiosamente, de olhos em êxtase, como se as teclas agilmente percutidas fossem uma seqüência de trapézios de onde o instrumentista se poderia despenhar de uma altura de oitenta metros, sem parar de lançar à sua vizinha olhares de espanto e de incredulidade, como quem diz : "É incrível, nunca poderia imaginar que um homem fosse capaz de fazer semelhante coisa !"; a marquesa de Cambremer, uma senhora que tivera uma sólida educação musical, marcava o compasso com a cabeça transformada em pêndulo de metrônomo, cuja amplitude e rapidez de oscilações de um ombro ao outro eram tais (com essa espécie de desvario e vazio no olhar provocados por nevralgias que já nem identificamos ou procuramos dominar, que nos levam a desabafar : " O que é que havemos de fazer?"), que a todo o momento os solitários lhe ficavam presos nas dragonas do corpete, o que a obrigava a endireitar os cachos de uvas pretas que lhe enfeitavam o cabelo, mas sem que por tal cessasse de acelerar o movimento.

(*CCS,* I, 322-323)

40. A SENHORA DE GALLARDON

Do outro lado da senhora de Franquetot, um pouco mais à frente, a marquesa de Gallardon entregava-se ao seu pensamento favorito, a aliança que tinha com os Guermantes, da qual retirava, para os outros e para si própria, muita glória e algum ultraje, visto que os mais distintos dos Guermantes a mantinham à distância, talvez porque fosse uma pessoa aborrecida, ou porque era má, ou porque era de um ramo inferior da família ou, quem sabe, por nenhuma razão em especial. Quando se encontrava ao pé de alguém que não conhecia – como, naquela ocasião, perto da senhora de Franquetot – doía-lhe o fato de o seu parentesco com os Guermantes não se manifestar externamente em caracteres bem visíveis como os que, nos mosaicos das igrejas bizantinas, colocados uns abaixo dos outros, inscrevem numa coluna vertical, ao lado de alguma personagem santificada, as palavras que se supõe que ela tenha proferido. Naquele preciso momento, a marquesa recordava que ainda não recebera um único convite ou uma visita da sua jovem prima, a princesa des Laumes, desde que esta se casara, há seis anos atrás. Esta lembrança enchia-a de cólera mas também de um certo orgulho; assim era porque de tanto dizer às pessoas – que estranhavam não a ver em casa da senhora de Laumes – que "correria o risco de aí poder encontrar a princesa Matilde", coisa que a sua família ultralegitimista nunca lhe perdoaria, acabara por acreditar ser essa, efetivamente, a razão pela qual não freqüentava a casa da prima. Todavia, a senhora de Gallardon lembrava-se de ter perguntado várias vezes à senhora de Laumes de que maneira se poderiam encontrar, mas tal não passava de uma lembrança confusa que, de resto, por ser um tanto humilhante, se apressava a neutralizar murmurando: "Em todo o caso, não me compete a mim, que tenho mais vinte anos do que ela, tomar a iniciativa". Graças ao virtuoso efeito destas palavras interiorizadas, empertigava altivamente os ombros, salientando o busto, sobre os quais a cabeça, colocada quase na horizontal, lembrava a cabeça de um faisão altaneiro que se serve à mesa com toda a sua plumagem. Não que ela não fosse por natureza atarracada e matrona, até gorducha, mas as afrontas recebidas tinham-na soerguido como uma árvore que, nascida numa posição incorreta à beira de um precipício, é forçada a crescer para trás a fim de conservar o equilíbrio. Obrigada a repetir para si mesma, para se consolar de não ser uma igual por inteiro entre os Guermantes, que era por intransigência de princípios e de orgulho que os via tão pouco, esse pensamento acabara por lhe modelar o corpo e por originar uma certa presença que aos olhos dos burgueses passava por ser um sinal de estirpe e, por vezes, perturbava com um desejo fugidio o olhar fatigado dos homens do seu círculo social. Se acaso fosse possível submeter o discurso da marquesa de Gallardon ao tipo de análise que, assinalando a frequência de um determinado termo, permite descobrir a chave de uma linguagem cifrada, verificava-se que não havia expressões que surgissem com mais freqüência do que "em casa dos meus primos de Guermantes..."; "em casa da minha tia de Guermantes..."; "a saúde de Elzéar de Guermantes..." ou "o camarote da minha prima de Guermantes..."

(*CCS,* I, 323-324)

Contudo, nessa noite, a senhora de Gallardon estava quase a admitir o quanto lamentava não encontrar a princesa des Laumes senão muito raramente, pois desejava ardentemente dar-lhe uma lição não respondendo ao seu cumprimento. Não sabia que a prima estava ali, naquele sarau, e foi um movimento de cabeça da senhora de Franquetot que lhe permitiu avistá-la. De imediato, e incomodando todo mundo, precipitou-se ao seu encontro, pretendendo manter um ar altivo e glacial que lembrasse a todos que não estava interessada em manter relações com uma pessoa em casa de quem se poderia encontrar cara a cara com a princesa Matilde, e relativamente à qual não se sentia obrigada a dar o primeiro passo, uma vez que não era "sua contemporânea"; quis, no entanto, compensar aquele ar de reserva e altivez com uma finalidade que justificasse a sua iniciativa de aproximação e obrigasse a princesa a conversar com ela. Assim, mal a senhora de Gallardon chegou perto da prima, pôs uma expressão dura, estendeu a mão como quem dá um cartão de visita de má vontade, e perguntou-lhe : "Como está o teu marido?", com uma entoação tão ansiosa como se o príncipe estivesse gravemente doente. A princesa, soltando uma risada que lhe era peculiar e que tinha como duplo objetivo mostrar aos outros que troçava de alguém e de a fazer parecer mais bonita, concentrando os traços do rosto em redor da boca animada e do olhar luminoso, respondeu :

– Mas está o melhor possível !

E continuou a rir. Apesar disso, endireitando o busto e enregelando mais a expressão, todavia ainda preocupada com o estado do príncipe, a senhora de Gallardon disse à prima :

– Oriane (aqui, a senhora de Laumes fez uma cara espantada e divertida como se quisesse atestar junto de uma terceira pessoa, invisível, que jamais havia autorizado a senhora de Gallardon a tratá-la pelo nome de batismo), faço questão que apareças amanhã à noite em minha casa para ouvir um quinteto para clarinete de Mozart. Gostaria que me desses a tua opinião.

Não parecia estar fazendo um convite mas antes pedindo um favor, e ainda que necessitava da opinião da princesa sobre o quinteto de Mozart como se se tratasse de um prato inventado por uma nova cozinheira, sobre cujos talentos lhe era indispensável ouvir a opinião de um *gourmet*.

– Ah, mas eu conheço esse quinteto, e posso dizer-te desde já … que gosto muito!

(*ibidem*, I, 327-328)

41. A SENHORA DE MORTEMART

– Mas, meu primo – disse a convidada, baixando também a voz e olhando interrogativamente para o senhor de Charlus, não por receio de ofender a senhora Verdurin, mas de lhe desagradar a ele –, talvez ela ainda não esteja bem a par de tudo...

– Eu ensino.

– Ah, mas não poderia arranjar melhor professor ! – disse a convidada rindo. – Que sorte ela tem ! Com o primo, podemos estar certos de que não haverá nenhuma falha, nenhuma nota desafinada...

– Pelos vistos, na música não houve.

– Oh!, sim, foi sublime! Uma das tais alegrias que nunca esquecemos. A propósito deste violinista de gênio – continuou ela, ingenuamente convencida de que o interesse do senhor de Charlus se centrava no violino "em si" – , será que o primo conhece um que ouvi tocar maravilhosamente, há dias, uma sonata de Fauré, que se chama Frank...

– Conheço. É um horror! – respondeu o senhor de Charlus, sem se preocupar com a grosseria de um desmentido que implicava a total falta de gosto da prima. – Quanto a violinistas, aconselho-a a que se atenha ao meu.

A troca de olhares entre o senhor de Charlus e a prima recomeçou; a senhora de Mortemart, de olhos baixos e inquisidores, muito ruborizada e desejosa de reparar a gafe com uma prova de zelo, ia propor ao senhor de Charlus a realização de um sarau para apresentarem Morel. A verdade é que para ela a *soirée* não tinha por objetivo promover um talento, muito embora fosse essa a finalidade que pretendia dar a entender como sua, mas que – realmente – era a do senhor de Charlus. Para ela o recital seria apenas um pretexto para dar uma festa particularmente elegante, e já fazia planos sobre quem iria convidar e quem iria deixar de fora. Esta triagem, preocupação dominante das pessoas que dão festas (precisamente as mesmas que os jornais mundanos têm o descaramento ou a estupidez de chamar "a elite"), altera o olhar – e a escrita – mais profundamente do que o faria a sugestão de um hipnotizador. Antes mesmo de pensar no que Morel haveria de tocar (preocupação considerada secundária, e com razão, porque, ainda que todos os presentes achassem conveniente, por causa do senhor de Charlus, guardar silêncio durante a música, ninguém tencionava escutá-la), a senhora de Mortemart, tendo já decidido que a senhora de Valcourt não seria das "eleitas", assumira, por essa mesma razão, a expressão de conjura, o ar de conspiração que tanto rebaixa as senhoras, até mesmo aquelas mulheres mundanas que mais facilmente se podem permitir desdenhar do "que é que as pessoas irão dizer..."

– Haverá alguma maneira de eu dar uma festa para ouvirmos o seu amigo tocar ? – perguntou a senhora de Mortemart em voz baixa, e, ainda que se dirigisse exclusivamente ao senhor de Charlus, não conseguiu evitar, como que fascinada, lançar uma olhada à senhora de Valcourt (a excluída) a fim de se certificar de que esta se encontrava a suficiente distância para não ouvir. "Não, dali não vai perceber o que digo", concluiu mentalmente a senhora de Mortemart, tranquilizada pelo seu próprio olhar, o qual, em contrapartida, exerceu sobre a senhora de Valcourt um efeito muito diverso do que o que se propunha. "Ora vejam – disse para consigo a senhora de Valcourt, reparando naquele olhar –, a Marie-Thérèse congemina com Palamède alguma coisa de que não devo tomar parte!"

– O meu protegido, quer a prima dizer – corrigiu o senhor de Charlus, tão pouco indulgente para com os conhecimentos de gramática como para com os dotes musicais da prima.

(*P*, III, 773)

42. A PRINCESA DE PARMA

Com efeito, no preciso momento em que entrei no salão, o senhor de Guermantes, sem sequer me dar tempo de ir cumprimentar a duquesa, conduziu-me – como que para fazer uma boa surpresa – até uma determinada pessoa, uma senhora baixinha, a quem ele parecia estar dizendo: "Aqui tem o seu amigo! Como vê, trago-lho *arrastado pelo pescoço*". Ora, ainda antes de chegar diante dela empurrado pelo duque, a referida senhora não tinha parado de me dirigir, com os grandes e doces olhos negros, esses mil sorrisos cúmplices que costumamos dirigir a um velho conhecido que talvez não nos esteja a reconhecer. Porque era esse precisamente o meu caso, e não me conseguia lembrar de quem ela era, ia virando a cara ao mesmo tempo que avançava ao seu encontro, de modo a não ter de falar até que a apresentação me tirasse do embaraço. Entretanto, a senhora continuava a manter em equilíbrio instável o sorriso destinado à minha pessoa. Parecia estar com pressa de se desembaraçar dele, logo que eu, finalmente, dissesse: " Ah!, minha senhora, que feliz ficará a minha mãe quando souber que nos encontramos!" Por mim, estava tão impaciente por saber o seu nome como ela por eu a saudar, por fim, com perfeito conhecimento de causa, para que o sorriso indefinidamente prolongado, como um *sol* sustenido, pudesse finalmente cessar.

(*CG,* II, 717)

Esforçava-me em vão por adivinhar esse passado comum entre nós dois, ao qual ela se reportava em pensamento. Mas não o vislumbrava melhor através do azeviche translúcido das grandes pupilas ternas, que se limitavam a deixar passar o sorriso, do que uma paisagem situada atrás de uma vidraça negra mesmo que inflamada pelos raios do sol. Ela perguntava-me se meu pai não andaria a fatigar-se muito, se eu não quereria ir um dia ao teatro com Albert, se eu estava passando melhor, e como as minhas respostas, titubeando na obscuridade mental em que me encontrava, apenas fossem inteligíveis para informar que naquela noite não me sentia muito bem, ela própria puxou uma cadeira na minha direcção, com mimos a que outros amigos dos meus pais nunca me tinham habituado. Finalmente, a palavra-chave do enigma foi-me fornecida pelo duque.

– Ela acha você encantador – murmurou ele ao meu ouvido, fulminado por estas palavras que não lhe eram totalmente desconhecidas. Eram exatamente as mesmas que a senhora de Villeparisis nos dissera, a minha avó e a mim, quando travamos conhecimento com a princesa do Luxemburgo. Então, compreendi tudo : a presente dama não tinha nada em comum com a senhora do Luxemburgo, mas pela linguagem de quem nos tinha posto frente a frente, fui capaz de discernir a espécie da criatura. Tratava-se de uma Alteza. Ela não conhecia em absoluto a minha família, tão pouco me conhecia a mim, mas proveniente da mais nobre raça e possuidora da maior fortuna do mundo (porque, filha do príncipe de Parma, tinha desposado um primo de idêntica estirpe principesca), ela desejava, por toda a sua gratidão ao Criador, testemunhar ao próximo, por mais pobre ou de humilde extração que fosse, que não o desprezava. Para ser franco, os sorrisos já deviam ter bastado para me esclarecer, pois tinha visto a princesa de Luxemburgo comprar pãezinhos de centeio na praia para os dar à minha avó, como a um animal do Jardim de Aclimatação. Mas porque, afinal, se tratava da segunda princesa de sangue a que era apresentado, ainda tinha desculpa por não haver detectado logo os traços gerais característicos da amabilidade dos grandes.

(*ibidem*, II, 718)

A princesa de Parma, que nem sequer sabia o nome do pintor, acenou veementemente a cabeça e sorriu com entusiasmo, a fim de manifestar a sua admiração pelo quadro. Todavia, a intensidade de sua mímica não foi suficiente para substituir essa luz que permanece ausente dos nossos olhos, sempre que não fazemos a mínima idéia do que nos estão falando.

– Deve ser um bonito rapaz, não é verdade ? – perguntou ela.

(*ibidem*, II, 810)

43. O BARÃO DE GUERMANTES E O DUQUE DE CHÂTELLERAULT

O conde d' Argencourt, encarregado de negócios da Bélgica e primo por afinidade da senhora de Villeparisis, entrou no salão a coxear, logo seguido por dois jovens: o barão de Guermantes e S.A. o duque de Châtellerault.

– Bom-dia, meu querido Châtellerault! – saudou a senhora de Guermantes distraidamente, sem se mexer do seu pufe. Era grande amiga da mãe do jovem duque, o qual, por isso, tinha desde pequeno o maior respeito por ela.

Altos, magros, de pele e cabelos dourados – o perfeito "tipo Guermantes" –, os dois rapazes pareciam condensar em si toda a esplêndida luz do entardecer primaveril que inundava o grande salão. Cumprindo um hábito que estava em voga na altura, pousaram as cartolas no chão, a seu lado. O historiador da *Fronde* concluiu que aqueles dois se deviam sentir pouco à-vontade, como um camponês que vai à Prefeitura e não sabe o que fazer com o chapéu. Acreditando ser seu dever prestar uma ajuda caridosa ao acanhamento e timidez que supunha ver neles, disse-lhes:

– Não, não..., não ponham os chapéus no chão! Vão estragá-los.

O barão de Guermantes lançou-lhe um olhar que, tornando oblíquo o plano das pupilas, nelas fez surgir, num repente, uma cor de um azul pálido e cortante que teve o condão de gelar o bem intencionado historiador.

– Como se chama este senhor ? – perguntou-me o barão, que acabava de me ser apresentado pela senhora de Villeparisis.

– Senhor Pierre – respondi à meia-voz.

– Pierre de... ?

– Pierre é o sobrenome. Um historiador de grande mérito.

– Ah!..., não me diga !

(*CG,* II, 509-510)

Fiquei ainda mais surpreendido ao ouvir chamar duque de Châtellerault a um velhote baixinho de bigodes prateados de embaixador. Só uma coisa à toa em seu olhar que não mudara permitiu-me reconhecer o jovem que encontrara, certa vez, em casa da marquesa de Villeparisis. Perante a primeira pessoa que conseguira identificar desta maneira – abstraindo-me dos disfarces e completando os traços naturais que ainda se mantinham através de um esforço de memória – o meu primeiro pensamento deve ter sido, e não durou mais do que um segundo, de a felicitar por estar tão maravilhosamente caracterizada, ao ponto de sentirmos em primeiro lugar, antes de a reconhecer, a mesma hesitação que os grandes atores, quando entram em cena para representar um papel totalmente diverso deles próprios, provocam nos espectadores, que, apesar de prevenidos pelo programa, se quedam uns instantes assombrados antes de irromperem em aplausos.

(*TR*, IV, 500)

44. O MARQUÊS DU LAU D'ALLEMANS

Apesar disso, no seu esnobismo havia alguma coisa da curiosidade inteligente de Swann. Lembro-me que, nessa tarde, Gilberte perguntou à senhora de Guermantes se não seria possível conhecer o senhor du Lau, e de a duquesa ter respondido que ele estava adoentado e não saía de casa. Gilberte perguntara, ainda, como é que ele era, porque, acrescentou corando ligeiramente, tinha ouvido falar muito dele. (O marquês du Lau tinha sido, de fato, um dos mais íntimos amigos de Swann antes do seu casamento, e talvez Gilberte até o tivesse visto, mas numa época em que não se interessava por esse meio social.)

– Será que o senhor de Bréauté ou o príncipe de Agrigento não me poderiam dar uma idéia ? – perguntou ela.

– Oh!, nem pensar ! – exclamou a senhora de Guermantes, que tinha uma percepção muito viva sobre as diferenças entre províncias e conseguia traçar retratos sóbrios, mas coloridos por sua voz dourada e rouca, sob o doce florescer dos olhos violeta. – Não, nem pensar! Du Lau era o fidalgo do Périgord, com todas as boas maneiras e o à-vontade da sua província. Em Guermantes, quando acontecia lá se encontrar o rei de Inglaterra, de quem du Lau era muito amigo, servia-se sempre uma merenda depois da caça. Pois era a essa hora que du Lau tinha por hábito tirar os botins e calçar umas grandes pantufas de lã. A presença do rei Eduardo e de todos os grão-duques não o atrapalhava absolutamente nada. Descia ao salão de Guermantes de pantufas de lã! Achava ele que, sendo o marquês du Lau d'Allemans, não tinha de se coibir de coisa nenhuma por causa do rei de Inglaterra. Ele e Quasimodo de Breteuil, aquele amor de pessoa, eram os meus preferidos. Eram os dois, aliás, grandes amigos do … (ela ia acrescentar "seu pai", mas calou-se). Não, este não é assunto para se falar com Gri-Gri ou Bréauté. Du Lau é o verdadeiro grande senhor do Périgord. De resto, Mémé costuma citar uma página de Saint-Simon sobre o marquês d'Allemans, e lá está tudo dito.

Apressei-me a citar as primeiras palavras do retrato : "*O senhor d' Allemans, um homem distintíssimo entre a nobreza do Périgord pela sua linhagem e por mérito próprio, era considerado por todos os seus conterrâneos o árbitro-mor a que cada um podia recorrer pela sua probidade, as suas capacidades e gentileza de trato, e como um galo de província..."*

– Sim, é verdade – interrompeu a senhora de Guermantes –, tanto mais que du Lau foi sempre vermelho como um galo.

– Ah, sim, recordo-me de ter ouvido citar esse retrato – disse Gilberte, sem acrescentar que o ouvira do pai, que era, efetivamente, um grande admirador de Saint-Simon.

(*AD*, IV, 167-168)

45. A SENHORA DE SAINT-EUVERTE

Em resposta à minha pergunta, a duquesa de Guermantes disse-me que era a senhora de Saint-Euverte. Então quis saber o que era ela à senhora de Saint-Euverte que eu conhecera. A senhora de Guermantes respondeu-me que ela era casada com um dos seus sobrinhos-netos, e pareceu tolerar a idéia de o seu sobrenome de solteira ser La Rochefoucauld, mas negou ter conhecido pessoalmente os Saint-Euverte. Lembrei-lhe a festa (de que apenas tinha ouvido falar, é certo) onde, enquanto princesa de Laumes, ela reencontrara Swann. A senhora de Guermantes apressou-se em garantir que nunca estivera em tal festa. A duquesa fora sempre um pouco mentirosa e agora era-o mais. Para ela, a senhora de Saint-Euverte era um salão – que, de resto, tinha decaído muito com o passar do tempo – que ela fazia questão de renegar. Não insisti mais.

– Não, quem você deve ter visto em minha casa, porque era um homem realmente interessante, foi o marido dessa de que me fala e com quem nunca me dei...

– Mas ela não tinha marido – disse eu.

– Ah, você naturalmente pensava isso porque estavam separados, mas pode crer que ele era bem mais agradável do que ela.

Acabei por compreender que um homem enorme, extremamente alto, extremamente forte, com o cabelo todo branco, que eu encontrava um pouco por toda a parte e de quem nunca soube o nome, era o marido da senhora de Saint-Euverte. Tinha morrido no ano passado. Quanto à sobrinha, ignoro se era por causa de uma doença de estômago, de nervos, de uma flebite, de um parto próximo ou recente, ou mal sucedido, que ela escutava o recital de música estendida, sem que ninguém a fizesse mexer donde estava. O mais provável era que, orgulhosa das suas belas sedas vermelhas, julgasse estar produzindo, assim reclinada no canapé, um efeito do gênero Récamier. Ela não tinha consciência de que, para mim, corporizava um novo desabrochar do nome de Saint-Euverte, que, com um tão grande intervalo, marcava a distância e a continuidade do Tempo.

(*TR*, IV, 601)

46. *MADEMOISELLE* DE SAINT-LOUP

Vi Gilberte aproximar-se. Eu – para quem o casamento de Robert bem como os pensamentos que, então, me ocupavam o espírito (e que eram os mesmos de hoje) tinham acontecido na véspera – fiquei espantado ao ver ao lado de Gilberte uma menina de cerca de dezesseis anos, cuja alta figura testemunhava essa distância que eu preferiria ignorar. O tempo incolor e imperceptível materializara-se – para que eu o pudesse ver e tocar, por assim dizer – naquela jovem, e nela havia moldado uma obra-prima, enquanto que, paralelamente, no meu caso – infelizmente ! – se limitara a cumprir a sua função. Entretanto, Mlle de Saint-Loup chegara diante de mim. Tinha uns olhos profundamente vivos e perspicazes, e o nariz, encantador, levemente recurvado em forma de bico, não exatamente como o de Swann, mas mais semelhante ao de Saint-Loup. O espírito deste Guermantes desaparecera, mas a bela cabeça de olhos penetrantes de ave que se lança em vôo tinha vindo pousar sobre os ombros da menina de Saint-Loup, o que não deixaria de provocar sonhos nostálgicos nos que tinham conhecido o seu pai.

A mim impressionou-me que o nariz, talhado pelo mesmo molde do da mãe e da avó, terminasse exatamente com a mesma linha totalmente horizontal logo abaixo do nariz, sublime, embora curta. Um traço fisionômico tão particular bastaria para identificar uma estátua entre milhares, mesmo não olhando para mais nenhum, e pasmei que a Natureza – esse grande e original escultor – tivesse esculpido como a golpe de cinzel, no momento oportuno, tanto na neta, como na mãe e na avó, esse recorte poderoso e decisivo. Achei-a muito bonita ; assim, ainda tão cheia de esperanças, sorridente, formada pelos mesmos anos que eu perdera, parecia-se com a minha juventude.

(*TR*, IV, 608-609)

47. VISCONDESSA DE SAINT-FIACRE

É todavia necessário fazer a ressalva de que as medidas do próprio tempo podem ser para certas pessoas aceleradas ou retardadas. Por acaso tinha encontrado na rua, há quatro ou cinco anos, a viscondessa de Saint-Fiacre (nora da amiga dos Guermantes). Os seus traços esculturais pareciam assegurar-lhe uma juventude eterna. De resto, ela era ainda jovem. Ora eu não pude, apesar dos seus sorrisos e bons dias, reconhecê-la numa senhora com os traços de tal modo recortados que a linha do rosto não era restituível. É que de há três anos para cá ela tomava cocaína e outras drogas. Os seus olhos profundamente cercados de preto eram quase esgazeados. A sua boca tinha um rictus estranho. Ela tinha-se levantado, disseram-me, para esta festa, tendo ficado meses sem sair do seu quarto ou de sua cadeira de repouso. O tempo tem assim trens expressos e especiais que conduzem rapidamente a uma velhice prematura.

(*TR*, IV, 523)

48. CONDE DE ...

O jovem conde de ...., que tinha visto no camarote da Senhora de Cambremer, então lugar-tenente, no dia em que a Senhora de Guermantes estava na frisa de sua prima, mantinha os seus traços perfeitamente regulares, até em demasia, pois a rigidez fisiológica da arteriosclerose exagerava a retidão impassível da fisionomia do *dandy* e dava a esses traços a intensa nitidez quase caricatural à força de imobilidade que eles teriam tido num estudo de Mantegna ou de Miguel-Ângelo. A sua tez, antes de uma vermelhidão brejeira, era agora de uma palidez solene; pêlos prateados, uma ligeira gordura, uma nobreza de doge, uma fadiga que chegava à vontade de dormir, tudo concorria nele para dar a impressão nova e profética da majestade fatal. Substituída ao retângulo de sua barba loura, o retângulo igual da sua barba branca transformava-o tão perfeitamente que, observando que este sub lugar-tenente que eu conhecera tinha hoje cinco galões, o meu primeiro pensamento foi felicitá-lo não por ter sido promovido a coronel, mas por estar tão bem como coronel, disfarce para o qual parecia ter tomado o uniforme, o ar grave e triste do oficial superior que tinha sido o seu pai.

(*TR,* IV, 517-518)

49. PRINCESA DE NASSAU

Uma senhora saiu, porque tinha outras reuniões e devia tomar lanche com duas rainhas. Era essa grande mundana que conheci em tempos, a princesa de Nassau. Se a sua estatura não tinha diminuído, o que lhe dava o ar, pela sua cabeça situada a uma altura bem menor do que outrora, de ter o que se chama um *pé na tumba*, mal se poderia dizer que tivesse envelhecido. Ela permanecia uma Maria Antonieta de nariz austríaco, de olhar delicioso, conservado, embalsamado graças a mil maquiagens admiravelmente misturadas que lhe faziam um rosto lilás. Sobre ela flutuava esta expressão confusa e tenra de ser obrigada a partir, de prometer ternamente voltar, de se esquivar discretamente, que se devia à multidão de reuniões de elite onde era esperada. Nascida quase nas escadarias de um trono, casada três vezes, sustentada longamente e ricamente por grandes banqueiros, sem contar as mil fantasias que se tinha oferecido, ela levava ligeiramente sob o seu vestido, cor de malva como os seus olhos admiráveis e redondos e como a sua figura maquiada, as lembranças um pouco confusas desse passado inumerável.

(*TR,* IV, 557-558)

50. OS CRIADOS

Aquela predisposição particular que Swann sempre tivera para encontrar analogias entre os seres vivos e os retratos dos museus, ainda se mantinha mas de um modo mais constante e generalizado; era agora a vida mundana, da qual se afastara, vista no seu todo, que lhe surgia como uma série de quadros. No vestíbulo (da mansão dos Saint-Euverte), onde, nos tempos em que frequentava os salões, entrava abrigado no sobretudo para reaparecer de casaca, mas sem ter consciência do que entretanto, nos breves instantes em que ali se detinha, se passara, com o pensamento ainda na festa que acabava de deixar ou já na festa a que acabava de chegar, reparou pela primeira vez, despertado pela chegada inesperada do convidado tardio, na matilha dispersa e magnífica dos lacaios, que, sem ter o que fazer, dormitavam aqui e acolá em cima de banquetas e arcas, e que, levantando os nobres e afilados perfis de galgos, se erguiam e, reunindo-se, formavam um círculo à sua volta.

Um deles, de aspecto especialmente feroz e bastante semelhante ao carrasco de certos quadros do Renascimento que representam suplícios, avançou na sua direção com um ar implacável para segurar nos seus pertences. Mas a dureza do seu olhar de aço era compensada pela macieza das luvas de fio de algodão, como se, ao aproximar-se de Swann, quisesse testemunhar desprezo pela sua pessoa e deferência para com o chapéu. Pegou-lhe com um cuidado a que a exatidão do tamanho das luvas conferia algo de meticuloso, e uma delicadeza que tornava quase tocante o aparato da sua força. Passou-o, em seguida, a um dos ajudantes, jovem e tímido, que denunciava o pavor que sentia lançando olhares desvairados em todos os sentidos, revelando a mesma agitação dos animais capturados durante as primeiras horas de cativeiro.

A poucos passos dali, um rapagão de libré sonhava, imóvel como uma estátua, inútil como um guerreiro meramente decorativo dos quadros mais tumultuosos de Mantegna, que sonha apoiado no escudo, enquanto, mesmo ao lado, outros correm e se degolam; destacado do grupo dos colegas que se afadigavam em torno de Swann, parecia empenhado em desinteressar-se da cena, que seguia vagamente com olhos glaucos e cruéis, como se se tratasse do massacre dos Inocentes ou do martírio de São Tiago. Parecia pertencer exatamente a essa raça desaparecida – ou que, talvez, nunca tenha existido a não ser no retábulo de San Zeno e nos frescos dos Eremitani, onde Swann a descobrira e onde sonha ainda – gerada pela fecundação de uma estátua antiga por algum modelo paduano do Mestre ou por algum saxão de Albrecht Dürer. E as mechas do seu cabelo ruivo e naturalmente encrespado, domadas e alisadas pela brilhantina, estavam cuidadas muito à maneira da escultura grega, que o pintor de Mântua estudava constantemente, e que, conquanto na Criação apenas represente o Homem, soube, ao menos, tirar das suas formas simples riquezas tão variadas como se as tivesse ido buscar a toda a Natureza viva, que uns cabelos pelo seu enrolamento liso e pelas pontas agudas dos anéis, ou na sobreposição do triplo e florescente diadema das tranças, podem assemelhar-se, simultaneamente, a um monte de algas, a uma ninhada de pombos, a um bandó feito de jacintos e a um entrelaçado de serpentes.

Outros ainda, igualmente colossais, perfilavam-se nos degraus da escadaria monumental – que, pela presença decorativa e imobilidade marmórea dos lacaios, bem poderia ter o mesmo nome da do Palácio Ducal : "Escadaria dos Gigantes" –, para a qual Swann se dirigiu, pensando com tristeza que Odette nunca a tinha subido.

(*CCS*, I, 317-319)

(...) (*os criados*)... encontravam-se postados sob os arcos dos respectivos pórticos com um brilho pomposo temperado de bonomia popular, como santos nos nichos ; e um porteiro enorme, vestido como na igreja, batia com o bastão nas lajes à passagem de cada recém-chegado. Chegado ao cimo da escadaria, sempre acompanhado por um criado de rosto lívido, com um pequeno rabo de cavalo atado atrás por uma fita, à maneira de um sacristão de Goya ou de um tabelião de repertório teatral, Swann passou diante de uma secretária, onde, como notários diante de registos volumosos, se sentavam outros criados que se levantaram e anotaram o seu nome. Atravessou depois uma pequena antecâmara que – tal como certas salas arranjadas pelo proprietário para emoldurar uma única obra de arte, à qual vão buscar o nome, e que, nesse despojamento intencional, não contêm mais nada – exibia à entrada, como uma preciosa efígie de Benvenuto Cellini representando uma sentinela, um jovem lacaio com o corpo ligeiramente flectido para a frente, levantando acima da gola alta vermelha um rosto ainda mais vermelho donde se escapavam torrentes de fogo, de timidez e de zelo, e que, trespassando as tapeçarias de Aubusson dependuradas defronte do salão onde se ouvia a música, com o olhar impetuoso, vigilante e alheado, tinha o ar de quem, com uma impassibilidade militar ou uma fé sobrenatural – alegoria do alerta, encarnação da espera, comemoração dos preparativos para o combate – espia, qual anjo ou vigia, de um torreão de fortaleza ou de uma catedral, a aparição do inimigo ou a hora do Juízo Final. A Swann faltava apenas entrar na sala do concerto, cujas portas lhe foram abertas, com uma vênia, por um lacaio carregado de correntes, como se lhe estivesse entregando as chaves de uma cidade. Mas ele pensava na casa onde poderia estar nesse momento, se Odette o tivesse permitido, e a lembrança vislumbrada de uma caixa de leite vazia no capacho da porta provocou-lhe um aperto no coração.

(*ibidem*, I, 320)

No caso de alguns, os cabelos não tinham embranquecido. Foi assim que reconheci o velho criado de quarto do príncipe de Guermantes, quando se aproximou do patrão para lhe dizer qualquer coisa. Os pêlos rijos e eriçados que lhe cobriam as faces e o crânio mantinham o mesmo tom ruivo puxando para o rosa, sem que se pudesse suspeitar que os tinha pintado, como fizera a duquesa de Guermantes. Mas nem por isso parecia menos velho. Simplesmente, apercebíamonos de que entre os homens existem espécies, tal como no reino vegetal dos musgos, dos líquenes e de tantas outras, que não mudam com a aproximação do Inverno.

(*TR*, IV, 516)

51. MONÓCULOS

Swann deparou-se rapidamente com a fealdade masculina, quando, para lá da cortina de tapeçaria, ao espetáculo dos criados se seguiu o dos convidados. Mas essa mesma fealdade dos rostos, que ele, de resto, tão bem conhecia, aparecia-lhe como se fosse nova, pois os seus traços – em lugar de serem para ele sinais de utilidade prática para identificar este ou aquele indivíduo, que até aí representara um conjunto de prazeres a perseguir, de aborrecimentos a evitar ou de gentilezas a retribuir – assentavam, apenas coordenados entre si por ligações estéticas, na autonomia das respectivas linhas. E nesses homens, no meio dos quais Swann se encontrava encerrado como numa estufa, até os monóculos que muitos usavam (e que, noutros tempos, quando muito, teriam permitido a Swann dizer que usavam monóculo), desobrigados agora de significar um hábito comum a todos, lhe apareciam como tendo, cada um, uma espécie de individualidade. Talvez porque agora visse o general de Froberville e o marquês de Bréauté, que conversavam à entrada do salão, somente como duas personagens de um quadro, quando, durante muito tempo, tinham sido para ele amizades úteis que o haviam apresentado no Jockey e sido suas testemunhas em duelos, o monóculo do general, encravado na pálpebra como um estilhaço de obus no rosto sulcado de cicatrizes, vulgar e triunfal, como que lhe vazando um olho e produzindo no meio da testa o efeito do olho único de um ciclope, sugeria a Swann um ferimento monstruoso que Froberville podia, porventura, orgulhar-se de ter sofrido, mas que era indecente exibir; já o do senhor de Bréauté – sendo mais outro sinal festivo a juntar às luvas cinza-pérola, à cartola e à gravata branca, e substituindo o lornhão caseiro (como o próprio Swann fazia) em ocasiões mundanas – trazia colado no reverso, tal como uma preparação de história natural sob a lente do microscópio, um olhar infinitesimal e fervilhante de amabilidade, que não parava de sorrir para as alturas dos tetos, para a beleza das festas, para o interesse dos programas e para a qualidade dos refrescos.

(*CCS*, I, 320-321)

O monóculo do marquês de Forestelle, minúsculo e desprovido de armação, forçando o olho em que se encaixava a uma crispação continuada e dolorosa como se fosse uma cartilagem supérflua, cuja presença é inexplicável e a matéria rebuscada, emprestava à cara do marquês uma delicadeza melancólica que levava as mulheres a considerá-lo capaz de grandes desgostos de amor. Porém, o do senhor de Saint-Candé, cercado de um aro gigantesco, como um anel de Saturno, era o centro de gravidade de um rosto que a todo o momento se organizava em função dele, e cujo nariz, fremente e avermelhado, bem como a boca beiçuda e sarcástica, tentavam com os seus trejeitos estar à altura das centelhas de espírito que o disco de vidro faiscava, tornando aquele olhar o preferido, em detrimento dos mais belos olhares, de jovens senhoras esnobes e depravadas, que ele punha a sonhar com encantos artificiais e refinamentos de volúpia; e, contudo, atrás do seu, o senhor de Palancy, que, com a sua cabeçorra de carpa de olhos redondos, se deslocava lentamente pelo meio das festas, abrindo constantemente as mandíbulas como que a buscar orientação, dava a impressão de transportar consigo apenas um fragmento acidental, e talvez meramente simbólico, dos vidros do seu aquário, parte destinada a representar o todo, que lembrou a Swann, grande admirador dos *Vícios e Virtudes* de Giotto, em Pádua, a figura do Injusto, ao lado do qual uma ramagem frondosa evoca a floresta onde se esconde o seu antro.

(*ibidem*, I, 321-322)

VII

SODOMA

52. O BARÃO DE CHARLUS

Na manhã do dia seguinte àquele em que Robert me falou do seu tio Palamède enquanto esperava por ele – em vão, de resto – passava eu sozinho diante do cassino, de volta ao hotel, quando tive a sensação de que alguém me observava de muito perto. Virei a cabeça e vi um homem de uns quarenta anos, muito alto e bastante forte, de bigode preto, e que, batendo nervosamente com a bengala nas calças, fixava em mim os olhos dilatados pela atenção. Por momentos, relanceou-os ativamente em todas as direções como quando um homem está diante de um desconhecido, que, por um motivo qualquer, lhe inspira pensamentos que não passariam pela cabeça de mais ninguém, por exemplo, de um doido ou de um espião. Lançou-me uma olhadela autoritária, simultaneamente ousada e prudente, rápida e intensa, como um último tiro que se dispara no momento de empreender a fuga, e, depois de ter olhado em volta, assumiu num ápice um ar altivo e distraído, virando-se bruscamente para um cartaz em cuja leitura pareceu ficar absorto, enquanto trauteava uma melodia e ajeitava a rosa que trazia na botoeira. Tirou do bolso um caderninho onde, segundo parecia, tomou nota do nome do espetáculo anunciado, consultou o relógio umas duas ou três vezes, puxou para os olhos o chapéu de palha preta, prolongando-lhe a aba com a mão fazendo uma espécie de pala como quem procura ver se lá vem alguém, e depois teve aquele gesto de enfado de quem já está farto de esperar – e que nunca fazemos quando, de fato, esperamos alguém; finalmente, empurrando o chapéu para trás e destapando um cabelo cortado curto, com umas "asas de pombo" onduladas dos lados, soprou ruidosamente como alguém que, não estando especialmente encalorado, pretende dar a entender que está. A mim pareceu-me um "escroque de hotel", um ratoneiro que, tendo reparado na minha avó e em mim, talvez estivesse preparando um golpe. Depois, quando percebeu que eu o tinha surpreendido quando me vigiava, resolvera, em contrapartida, assumir aquela atitude distraída e desinteressada, mas de forma tão ostensiva e exagerada que o seu objetivo parecia ser não só dissipar quaisquer dúvidas que eu tivesse, como também, pelo menos, vingar-se de uma qualquer humilhação que eu, porventura, lhe tivesse infligido, e também dar a idéia de que, apesar de me ter visto, a minha pessoa era demasiado insignificante para lhe prender a atenção. Inclinou o tronco com um ar de bravata, franziu os lábios, levantou as pontas do bigode e afixou no olhar uma expressão indiferente e dura, quase insultuosa. De tal forma aquelas atitudes eram insólitas que ora me lembravam um ladrão, ora um alienado. Todavia, a sua aparência extremamente cuidada, muito mais sóbria e simples do que a dos banhistas de Balbec, era muito tranqüilizadora para o meu jaquetão, tantas vezes humilhado pela brancura ofuscante e vulgar das indumentárias que via na praia. Mas a minha avó já lá vinha ao meu encontro, e fomos dar um pequeno passeio. Uma hora mais tarde, esperava eu por ela à porta do hotel, onde entrara por uns instantes, vi sair a senhora de Villeparisis acompanhada por Robert de Saint-Loup e pelo desconhecido que tinha estado a observar-me defronte do Cassino. O seu olhar trespassou-me com a rapidez de um relâmpago, tal como quando o vira antes, para se recolher de imediato como se nunca me tivesse visto, permanecendo totalmente vazio como o olhar neutro que finge nada ver para fora e onde nada se pode ler para dentro, o olhar que somente expressa o agrado de sentir à sua volta a presença das pestanas que ele afasta da sua redondez beatífica, o olhar devoto e delicodoce de certos hipócritas, o olhar fátuo e presumido de certos idiotas. Reparei que tinha mudado de roupa. A de agora era ainda mais sombria, mas sem dúvida que a verdadeira elegância se aproxima mais da sobriedade do que a falsa ; mas havia ainda outra coisa : se era certo que a cor estava quase totalmente ausente da sua indumentária, não era porque esta fosse indiferente para quem a havia banido, mas sobretudo porque, por uma razão qualquer, fora interditada. E a severidade simples das roupas parecia provir mais da obediência a um regime auto-imposto do que da falta de gulodice. A risca de um verde escuro do tecido das calças condizia harmoniosamente com as listas das meias, um sinal de requinte que denunciava a vivacidade de um gosto reprimido em todo o resto, ao qual fora feita essa única concessão por uma questão de tolerância, enquanto uma pinta vermelha na gravata, quase imperceptível, era como uma liberdade que não nos atrevemos a tomar.

– Como está ? Apresento-lhe o meu sobrinho, o barão de Guermantes – disse-me a senhora de Villeparisis, enquanto o desconhecido resmoneava um vago “Encantado” sem sequer olhar para mim, acrescentando uns "huns, huns", cuja intenção parecia ser a de acrescentar algo de forçado à amabilidade; dobrou o dedo mínimo, o indicador e o polegar e estendeu-me o dedo médio e o anular, desprovidos de anéis, que apertei sob a luva de pelica. A seguir, sem me olhar uma única vez, voltou-se para a senhora de Villeparisis.

– Meu Deus, mas onde terei eu a cabeça?! Chamar-te barão de Guermantes... – exclamou ela. – Apresento-lhe o barão de Charlus! E acrescentou : – Não é que o erro seja grave, porque, afinal, você também é um Guermantes.

(*JFF,* II, 110-112)

O senhor de Charlus não demorou a sentar-se ao lado da senhora Swann. Em todas as reuniões em que estivesse, ignorando os homens, cortejado pelas mulheres, procurava fazer par com a mais elegante, cuja *toilette* pudesse enaltecer igualmente o seu próprio brilho. A sobrecasaca, ou a casaca do barão fazia pensar no retrato, pintado por um grande mestre colorista, de um homem vestido de negro que tem a seu lado, numa cadeira, uma capa de um brilho esplendoroso que irá pôr para um baile de máscaras. Essas conversas a dois, geralmente com uma Alteza, proporcionavam ao senhor de Charlus um certo tipo de distinções que ele adorava. Acontecia, por exemplo, em qualquer festa, que a dona da casa deixasse que o barão fosse o único a ter um assento reservado à frente, na fila das senhoras, enquanto os outros homens se amontoavam ao fundo da sala. Além disso, demasiado ocupado, segundo parecia, a contar em voz bastante alta histórias divertidíssimas à dama enfeitiçada, o senhor de Charlus ficava desobrigado de cumprimentar os outros convidados, logo, de cumprir certas obrigações.

(*CG,* II, 563-564)

– Meu Deus, as coisas estão a aquecer entre o meu tio e a senhora Swann! – disse-me Saint-Loup. – E a minha mãe, aquela inocente, a incomodá-los! "Para os puros tudo é puro."

Olhei para o senhor de Charlus. O tufo de cabelos grisalhos, o olho sorridente sob a sobrancelha repuxada pelo monóculo, e a botoeira com flores vermelhas eram os vértices móveis de um triângulo instável e surpreendente. Não me atrevera a cumprimentá-lo, porque não me tinha feito qualquer aceno. Ora, apesar de não se ter voltado para o meu lado, tinha quase a certeza de que me vira; enquanto debitava uma historieta qualquer à senhora Swann, cuja magnífica capa cor de amor-perfeito flutuava precisamente sobre um joelho do barão, os olhos errantes do senhor de Charlus, iguais aos de um vendedor ambulante que receia a chegada a qualquer momento do carro da polícia, teriam certamente esquadrinhado cada recanto do salão e identificado todos os que ali se encontravam. O senhor de Châtellerault foi cumprimentá-lo, mas nada no rosto do senhor de Charlus denunciava que já tinha visto o jovem duque antes deste lhe aparecer à frente. E era assim que em festas com muita gente, como esta, o senhor de Charlus conservava um sorriso praticamente constante, sem direção determinada nem destino particular, e que, preexistindo às saudações dos que iam chegando, ficava – quando estes entravam na sua 'zona' – despojado de todo e qualquer significado de amabilidade para com eles. Em todo o caso, era meu dever ir cumprimentar a senhora Swann. Todavia, como ela não sabia se eu conhecia a senhora de Marsantes ou o senhor de Charlus, correspondeu com bastante frieza à minha saudação, receando sem dúvida que eu lhe pedisse para lhes ser apresentado. Avancei, então, para o barão de Charlus, o que lamentei de imediato, porque, apesar de me ver perfeitamente, fingiu o contrário. Quando me inclinei diante dele, encontrei, à distância do comprimento do braço estendido que me impedia de me aproximar mais, um dedo viúvo, dir-se-ia, de um anel episcopal que parecia dar a beijar, até parecendo que, sem o consentimento do barão, eu tinha penetrado nalgum lugar consagrado por arrombamento, tal era a rigidez, a indiferença anônima e vazia do seu sorriso. Naturalmente que esta frieza não encorajou a senhora Swann a modificar a sua.

(*ibidem*, II, 566-567)

Eu, que me recordava perfeitamente das atitudes despropositadas com que o senhor de Charlus se separara de mim em Balbec, esbocei um gesto de negação.

– O quê !? Como assim ? exclamou ele encolerizado (e, com efeito, o rosto branco e crispado contrastava tanto com o habitual, como o mar que, em vez da costumeira superfície acolhedora, se nos apresenta, numa manhã tempestuosa, repleto de serpentes de baba e espuma). – Você está dizendo que não recebeu a minha mensagem – quase uma declaração – para se lembrar de mim? E o que é que havia a decorar o livro que lhe fiz chegar?

– Uns motivos entrelaçados muito bonitos – respondi.

(*CG*, II, 843)

E também me parece – continuou o barão – , que você tão pouco reconheceu, na encadernação desse livro de Bergotte, o lintel de *miosótis* da igreja de Balbec ! Haveria outra maneira mais clara de lhe dizer "*Não se esqueça de mim*" ?

Olhei para o senhor de Charlus. Decerto que a sua cabeça magnífica, que me repugnava, o elevava, apesar de tudo, muito acima de todos os seus parentes; dir-se-ia um Apolo envelhecido, mas um líquido oliváceo e hepático parecia prestes a escorrer-lhe dos cantos da boca maldosa. Falando de inteligência, era inegável que a sua, por um vasto desvio de bússola, o tinha levado a conhecer muitas coisas que permaneceriam sempre desconhecidas do irmão, o duque de Guermantes. Mas, apesar das belas palavras com que coloria todos os seus ódios, mesmo que houvesse no seu discurso tanto de orgulho ofendido como de amor desiludido, ou um rancor, um sadismo, uma implicância, uma idéia fixa, sentia-se que este homem era capaz de assassinar e de provar, pela força da lógica e de uma bem urdida retórica, que tinha tido razão para o fazer, e que não era por isso menos superior em cem côvados ao irmão, à cunhada, etc., etc.

(*ibidem*, II, 843-844)

As minhas reflexões tinham tomado um percurso um tanto enviesado, que descreverei mais adiante, mas já conseguira retirar uma consequência da aparente astúcia das flores sobre a parte inconsciente da obra literária, quando vi o senhor de Charlus tornar a sair da casa da marquesa, decorridos somente alguns minutos depois de ter entrado. Talvez a sua idosa tia o tivesse informado pessoalmente, ou então algum dos criados, das melhoras ou do completo restabelecimento do que não devia ter passado de uma indisposição da senhora de Villeparisis. Naquele momento, convencido de que ninguém o observava, de olhos semicerrados contra o sol, o senhor de Charlus permitia-se relaxar a tensão do rosto, abrandar aquela vitalidade forçada, que nele eram o suporte da vivacidade da conversação e da força de vontade. De uma palidez de mármore, o nariz saliente e a finura dos traços não podiam ser vistos com um significado diferente que lhes pudesse alterar a beleza do recorte; nada mais sendo que um Guermantes, parecia já uma escultura, ele, Palamède XV, na capela de Combray. No entanto, esses traços fisionômicos gerais, comuns a toda uma família, assumiam na feição do senhor de Charlus uma delicadeza mais espiritualizada, sobretudo mais doce. Lamentei por ele, que fosse ele próprio a adulterar com tantas atitudes violentas, insólitas e desagradáveis, com intrigas, com durezas, suscetibilidades e arrogâncias, a esconder sob uma brutalidade fictícia, a afabilidade e a bondade que, naquele instante em que saía de casa da senhora de Villeparisis, eu lhe via tão ingenuamente estampadas na cara. Piscando os olhos à luz do sol, parecendo quase sorrir, descobria-lhe na expressão agora em repouso e como que ao natural algo de tão afetuoso, de tão vulnerável, que não pude deixar de pensar como o senhor de Charlus ficaria furioso se soubesse que estava a ser observado ; porque o que mais me lembrava aquele homem tão arrebatado, tão cioso da sua virilidade, que considerava todo mundo odiosamente efeminado, aquilo em que ele imediatamente me fazia pensar – pelos traços momentâneos, pela expressão, pelo sorriso – era numa mulher !

Para que ele não me visse, eu ia me deslocar de novo, mas não houve tempo nem necessidade. Pois que via eu ? Defronte dele, no pátio – onde certamente nunca se tinham encontrado antes (o senhor de Charlus só vinha ao palacete dos Guermantes durante a tarde, a horas em que Jupien estava no seu *atelier*), o barão, que tinha aberto os olhos semicerrados, fixava agora com uma extrema atenção o antigo alfaiate, postado à soleira da loja de coletes, precisamente à sua frente; diante do senhor de Charlus, Jupien ficou pregado ao chão, enraizado como uma planta, contemplando maravilhado a figura do barão decadente. Mas, coisa ainda mais espantosa, assim como a atitude do barão mudara, imediatamente a de Jupien se pôs, como obedecendo às leis de uma arte secreta, em perfeita harmonia com ela. O barão, que agora procurava disfarçar a impressão que sentira, mas que, apesar de afetar indiferença, não conseguia esconder que se afastava a contragosto, ia e vinha, punha os olhos em alvo de modo a realçar – pelo menos, ele assim pensava – a beleza das pupilas, assumindo, em suma, uma pose presumida, indolente, ridícula. E Jupien, perdendo de súbito aquele ar humilde e bondoso que sempre lhe conhecera, e em perfeita simetria com o barão, levantava a cabeça, avantajava a figura, de punho apoiado na anca com uma impertinência grotesca, fazendo sobressair o traseiro, em poses de uma coqueteria que seria de esperar de uma orquídea perante o besouro providencialmente surgido. Não fazia idéia de que Jupien pudesse parecer tão antipático, assim como ignorava que fosse capaz de representar de improviso a sua parte naquela espécie de cena teatral entre dois mudos, que (e muito embora fosse a primeira vez que se encontrava na presença do barão de Charlus) parecia ter ensaiado repetidamente; é que tamanha perfeição não se atinge espontaneamente, a não ser quando encontramos no estrangeiro algum compatriota com o qual estabelecemos um entendimento imediato e natural, sem necessidade de intérprete, e tudo isso sem nunca o termos visto antes.

Esta cena não era, de resto, positivamente cômica, mas estava impregnada de uma estranheza ou, se se quiser, de uma naturalidade cuja beleza ia em crescendo. Bem podia o senhor de Charlus adotar um ar indiferente e baixar distraidamente as pálpebras, que, depois, as levantava para lançar um olhar atento na direção de Jupien. Porém (sem dúvida porque sabia que aquela cena não se podia prolongar indefinidamente, e mais a mais naquele local, seja por razões que compreenderemos mais tarde, seja, enfim, pela consciência da brevidade de todas as coisas que faz com que se deseje que cada momento seja perfeito, e que torna tão comovente o espetáculo de qualquer amor), cada vez que o senhor de Charlus olhava para Jupien, arranjava maneira de acompanhar o olhar com uma palavra, o que o tornava infinitamente dissemelhante dos olhares geralmente dirigidos a uma pessoa que se conhece ou a outra que não se conhece; olhava para Jupien com aquela fixidez especial de alguém que vai dizer: "Desculpe a minha indiscrição, mas tem uma enorme linha branca nas costas", ou: "Se não me engano, o senhor também deve ser de Zurique, pois julgo que já o vi várias vezes na loja do antiquário". De igual modo, de dois em dois minutos, parecia que a mesma questão era intensamente posta a Jupien pelas olhadelas do barão de Charlus, tal como aqueles fraseados interrogativos de Beethoven, repetidos indefinidamente a intervalos regulares, e destinados – com um luxo exagerado de preparativos – a introduzir um novo motivo, uma mudança de tom, um regresso ao tema. Mas, justamente, a beleza dos olhares trocados entre o senhor de Charlus e Jupien derivava, pelo contrário, do fato de que, pelo menos provisoriamente, tais olhares não pareciam ter qualquer objetivo concreto. Esta beleza, posso dizer que era a primeira vez que a via manifestada pelo barão e por Jupien. Nos olhos de um e de outro, era um céu que acabava de surgir, não o de Zurique, mas o de uma qualquer cidade do Oriente, cujo nome eu ainda não adivinhara.

(*SG,* III, 5-8)

– A sua atitude não ajudou a disfarçar rigorosamente nada – disse eu a Albertine, logo que Saint-Loup se afastou.

– É verdade. Fui desastrada, desagradei-lhe, e isso faz-me sentir ainda mais infeliz que você. Prometo que tal não voltará a acontecer. Perdoe-me ! – disse ela, estendendo-me a mão com uma expressão triste. Nesse momento, do fundo da sala de espera onde estávamos sentados, vi passar devagar, seguido por um empregado que carregava as malas, o senhor de Charlus.

Em Paris, onde só o encontrava em festas e saraus, imóvel, apertado numa casaca preta, mantendo a postura vertical, o aprumo orgulhoso, a compulsão de agradar e o brilho da conversa, ainda não me dera conta do quanto havia envelhecido. Agora, que o via com uma roupa de viagem de um tom claro, que o fazia mais gordo, e a caminhar todo ele se bamboleando, balançando um ventre barrigudo e um traseiro quase simbólico, a crueza da luz do dia decompunha

– em maquiagem nos lábios, em pó-de-arroz fixado pelo *cold cream* na ponta do nariz, na tinta preta com que tingia o bigode, cuja cor de ébano contrastava com o grisalho dos cabelos – tudo aquilo que, sob as luzes artificiais, poderia parecer a animação da tez numa pessoa ainda jovem.

(*SG,* III, 254)

Quanto ao senhor de Charlus, (...) (...), foi bamboleando afetadamente, com a mesma amplitude que se usasse saiotes a atrapalharem-lhe os meneios, que se dirigiu à senhora Verdurin, com um ar tão lisonjeado e honrado, que se poderia pensar que ser apresentado em sua casa era para ele um favor supremo. O rosto, meio inclinado, onde a satisfação competia com o socialmente conveniente, franzia-se em pequenas rugas de afabilidade. Naquele momento, seria muito possível acreditar que quem avançava era a senhora de Marsantes, de tal forma se salientava a mulher que um erro da Natureza colocara no corpo do senhor de Charlus. Sem dúvida que o barão tentara, a duras penas, dissimular esse erro e apresentar uma aparência masculina. Mas, não o tendo conseguido totalmente, e conservando sempre os mesmos gostos, esse hábito de se sentir mulher dava-lhe uma nova aparência feminina, esta nascida já não da hereditariedade, mas sim da sua vida individual. E como, a pouco e pouco, chegara ao ponto de pensar, mesmo em coisas sociais, no feminino, sem que se desse conta disso – porque não é só à força de mentir aos outros, mas também de mentir a si próprio, que se perde a consciência de que se mente – por muito que o barão pedisse ao seu corpo para exteriorizar (quando entrou em casa dos Verdurin) toda a cortesia de um grande senhor, esse corpo que entendia muito bem o que o senhor de Charlus já não ouvia, exibiu (ao ponto de o barão merecer o epíteto de *lady-like*) todas as seduções de uma grande dama. De resto, poder-se-á separar inteiramente o aspecto do senhor de Charlus do fato de que, não existindo obrigatoriamente parecenças dos filhos com o pai, mesmo que não sejam invertidos e gostem de mulheres, consumam nas feições a profanação da mãe ? Mas deixemos por aqui o que merecia um capítulo à parte : as mães profanadas.

Conquanto outras razões presidissem a esta transformação do senhor de Charlus e que fermentos puramente físicos fizessem "trabalhar" nele a matéria, transferindo progressivamente o seu corpo para a categoria dos corpos de mulher, todavia, a mudança que aqui se assinala era de origem espiritual. Tal como uma pessoa que se considera permanentemente doente, acaba por adoecer, emagrece, fica sem forças para se levantar da cama e arranja enterites nervosas, também, à força de pensar ternamente em homens, um homem se torna mulher, sentindo, até, um vestido imaginário a tolher-lhe os passos. A idéia fixa, tal como noutros casos de saúde, pode modificar o sexo.

(*ibidem*, III, 299-301)

No número dos *habitués* da senhora Verdurin, e o mais fiel de todos, contava-se agora, desde há vários meses, o barão de Charlus. Regularmente, três vezes por semana, os passageiros que circulavam pelas salas de espera e pelo cais de embarque da estação ferroviária de Doncières-Oeste viam passar aquele homem gordo, de cabelos grisalhos e bigode preto, os lábios retocados com carmim, uma pintura que se notava menos já no fim da estação do que durante o Verão, quando a luz forte do dia a tornava mais crua e o calor a amolecia. Enquanto se dirigia para o trem, o senhor de Charlus não conseguia deixar (somente pelo hábito de 'conhecedor', visto que agora um sentimento o tornara casto ou, pelo menos, fiel a maior parte do tempo) de lançar olhadelas furtivas, simultaneamente inquisitoriais e timoratas, a moços de fretes, militares e rapazes em trajes de tênis, após o que baixava imediatamente as pálpebras sobre os olhos semicerrados com a unção de um eclesiástico que se prepara para desfiar o seu rosário, com a reserva de uma esposa devotada ao seu único amor ou de uma jovem bem-educada.

(*SG,* III, 425)

Fomos, então, o barão e eu, ele bamboleando o corpo pesado, com os olhos de jesuíta postos no chão, e eu atrás dele, até um café onde nos trouxeram cerveja. Via nos olhos do senhor de Charlus a inquietação de quem está arquitetando algum plano. De repente, pediu papel e tinteiro e pôs-se a escrever com uma rapidez invulgar. Enquanto enchia folha após folha, os olhos brilhavam-lhe de um devaneio enraivecido. Finalmente, chegado à oitava página, disse-me :

– Posso pedir-lhe um grande favor? Perdoe-me por fechar a carta, mas é necessário. Você vai apanhar uma viatura, se possível um automóvel para ir mais depressa. Com certeza que ainda apanha Morel no quarto, aonde foi trocar de roupa. Pobre rapaz, ele bem se quis armar em forte quando nos separamos, mas pode estar certo de que há-de ter o coração bem mais pesado de tristeza do que eu. Você entrega-lhe esta carta, e, se ele lhe perguntar onde me encontrou, diga-lhe que parou em Doncières (o que até é verdade) e me viu com um desconhecido; diga-lhe que eu tinha um ar deveras encolerizado, e que ainda conseguiu apanhar algumas palavras sobre testemunhas que eu iria enviar. Bem, na verdade, bato-me amanhã.

(*ibidem*, III, 451)

Mal cheguei a casa da senhora Verdurin, avistei o senhor de Charlus navegando na nossa direção com toda a sua enorme corpulência, arrastando involuntariamente atrás de si um desses marginais ou pedintes, que agora a sua passagem fazia infalivelmente surgir de todos os cantos, por mais desertos que parecessem, e pelos quais este monstro poderoso, mesmo contra a sua vontade, andava sempre escoltado, se bem que a uma certa distância, como o tubarão pelo seu peixe-guia. Afinal, era tamanho o contraste com o altivo desconhecido que vira no primeiro ano em Balbec, de aspecto severo, afetando virilidade, que me pareceu descobrir, acompanhado pelo seu satélite, um astro num período totalmente diferente da sua órbita e que se começa a enxergar em pleno, ou um doente finalmente invadido pelo mal que, há uns anos atrás, não passava de uma pequena borbulha que ele disfarçava com facilidade e de cuja gravidade ninguém poderia suspeitar.

(*P*, III, 708-709)

Fazendo de conta que não vira o indivíduo suspeito que quase lhe barrara o caminho (quando o barão se aventurava pelas avenidas ou atravessava a sala de espera da gare de Saint-Lazare, esses perseguidores contavam-se às dúzias, e não o largavam na esperança de lhe arrancar uma moeda de cinco francos), e com medo que o outro se atrevesse a dirigir-lhe a palavra, o barão baixava devotamente as pestanas escurecidas, que, contrastando com as faces cobertas de pó-de-arroz, o tornavam parecido a um inquisidor-mor pintado por El Greco. Mas um padre destes metia medo, tinha o aspecto de um padre proscrito, uma vez que os vários expedientes aos quais o obrigara a necessidade de satisfazer os seus gostos, e de guardar esse segredo, tinham tido por efeito trazer à superfície do rosto precisamente o que o barão tentava esconder, uma vida de devassidão pautada pela decadência moral. Com efeito, esta, seja qual for a causa, percebe-se facilmente porque se materializa rapidamente e prolifera no rosto, particularmente nas faces e à volta dos olhos, de uma forma tão física quanto aí se acumula o amarelo ocre de uma doença do fígado ou as vermelhidões repugnantes de uma doença de pele. Não era, de resto, apenas nas faces, ou melhor, nas bochechas descaídas dessa cara pintada, no peito mamalhudo, nas nádegas avantajadas desse corpo abandonado ao desmazelo e invadido pela gordura, que flutuava agora, espalhado como óleo, o vício outrora tão intimamente reprimido pelo senhor de Charlus no mais secreto recanto de si mesmo. Agora, até transbordava dos seus comentários.

(*ibidem*, III, 711-712)

Quando entramos na antecâmara da senhora Verdurin, o senhor de Charlus perguntou-me se eu trabalhava, e como eu lhe respondesse que não, mas que de momento me interessava muito por baixelas antigas em prata e porcelana, disse-me que não poderia encontrar peças mais bonitas do que em casa dos Verdurin e que, aliás, já as podia ter visto em *La Raspelière*, porque, com o pretexto de que os objetos também são nossos amigos, os Verdurin cometiam a imprudência de levar tudo com eles; que seria menos cômodo tirar tudo dos armários num dia de recepção, mas que, mesmo assim, ele se encarregaria de pedir que me mostrassem o que eu quisesse. Pedi-lhe que não fizesse tal coisa. O senhor de Charlus desabotoou o sobretudo e tirou o chapéu; reparei que o cabelo lhe começava a embranquecer aqui e ali, no alto da cabeça. Mas, tal como um arbusto precioso que não só o Outono tinge de colorido, como também se protegem certas folhas em invólucros de algodão ou aplicações em gesso, o barão de Charlus apenas recebia desses poucos cabelos brancos no topo do crânio mais uns quantos retoques de pintura que se juntavam aos do rosto. E, no entanto, mesmo sob as camadas de expressões diversas, de pinturas e de hipocrisia que tão mal o maquiavam, o rosto do senhor de Charlus continuava a calar diante de todos aquele segredo que a mim me parecia gritante. Quase que me sentia constrangido pelos seus olhos, onde eu receava que ele me surpreendesse a lê-lo como um livro aberto, pela sua voz que me parecia repetir o seu segredo em todos os tons, com uma incansável indecência. Porém, os segredos são bem guardados pelas pessoas, pois todos aquelcs que se lhes chegam perto ficam como surdos e cegos. As pessoas que sabiam a verdade por uns e outros, pelos Verdurin, por exemplo, acreditavam, mas somente enquanto não conheciam o senhor de Charlus. A sua cara, longe de confirmar o que quer que fosse, dissipava os rumores maldosos. E isto porque fazemos de certas entidades uma idéia tão elevada, que não a podemos identificar com os traços familiares de uma pessoa conhecida. E seria com dificuldade que acreditaríamos nos vícios, da mesma forma que nunca acreditaríamos no gênio, de uma pessoa com quem, ainda na véspera, tínhamos ido à Ópera.

(*ibidem,* III, 731)

Morel já subira para o estrado, os músicos iam-se juntando, e ainda se ouviam conversas e risos, frases do gênero "é preciso ser-se iniciado para compreender". De imediato, o senhor de Charlus, empertigando-se e encostando-se para trás, como se tivesse entrado num outro corpo diferente daquele que eu vira, ainda há pouco, chegar arrastando-se à casa da senhora Verdurin, pôs uma expressão de profeta e olhou muito sério para a platéia como quem diz que não era o momento para risinhos, o que fez subitamente enrubescer mais do que uma convidada apanhada em falta, como um aluno pelo professor na sala de aula. Para mim, a atitude, de resto muito nobre, do senhor de Charlus tinha qualquer coisa de cômico, porque tão depressa fulminava os convidados com os seus olhares inflamados, como depois, a fim de lhes impor, como num *vade mecum*, o silêncio religioso que convinha observar – a renúncia a toda preocupação mundana – ele próprio apresentava, levando à testa as mãos enluvadas de branco, um modelo (que os outros deviam imitar) de gravidade, próximo do êxtase, sem tão pouco responder aos cumprimentos dos retardatários, bastante inconvenientes por não perceberem que era chegada a hora da grande Arte.

(*ibidem*, III, 752)

Ora aconteceu esta coisa extraordinária! Viu-se o senhor de Charlus mudo, estupefacto, avaliando a sua infelicidade sem lhe compreender a causa, sem palavras, olhando sucessivamente para todos os presentes com um ar interrogador, indignado, suplicante, que parecia perguntar não tanto o que tinha acontecido, mas sobretudo o que deveria ele responder. Talvez aquilo que o emudecia fosse (vendo que o senhor e a senhora Verdurin desviavam os olhos e que ninguém lhe acudiria) o sofrimento presente e, acima de tudo, o pavor dos sofrimentos futuros ; ou então, como não pudera imaginar a cena por antecipação, nem forjara uma cólera, não tendo à mão uma raiva "pronta a servir" (porque, sensível, nervoso, histérico, era um verdadeiro impulsivo, mas um falso corajoso e mesmo, como eu soube sempre, o que aos meus olhos o tornava simpático, um falso maldoso, sem as reações normais de um homem de honra que se vê ultrajado), fora apanhado e bruscamente atingido numa altura em que se achava desarmado; ou então, ainda, podia ser que num ambiente que não era o seu, se sentisse pouco à vontade e menos corajoso do que se sentiria no *faubourg*. Mas, em qualquer dos casos, nesse salão que ele desprezava, o grande senhor (cuja superioridade sobre os plebeus deixara de ser essencialmente inerente, tal como a de seus antepassados, angustiados perante o Tribunal revolucionário) não soube, paralisado nos membros e na língua, fazer outra coisa senão lançar em todas as direções olhares assustados, indignados pela violência de que fora alvo, tão suplicantes quanto interrogativos. E, no entanto, o barão de Charlus possuía bastantes recursos, não só de eloqüência como de audácia, quando, tomado pela raiva que ia acumulando durante muito tempo contra alguém, o deixava pregado de desespero com as palavras mais demolidoras, que escandalizavam as pessoas da sociedade, que nunca acreditariam que fosse possível ir-se tão longe. Nessas ocasiões, o senhor de Charlus fervia, debatia-se com autênticos ataques de nervos que punham todo mundo a tremer. Mas o que sucedia era que, nesses casos, era ele quem tomava a iniciativa, quem atacava e dizia o que queria (tal como Bloch dizia piadas sobre os judeus, mas corava quando falavam deles na sua presença). Essas pessoas que ele odiava, odiava-as porque se julgava desprezado por elas. Fossem elas gentis para com ele, em vez de se encolerizar contra elas, tê-las-ia beijado. Numa circunstância tão cruelmente inesperada, esse grande improvisador só foi capaz de balbuciar : "O que é que isto quer dizer ? Mas o que é que aconteceu ?" Porém, nem o ouviam. E a eterna pantomina do pânico mudou tão pouco, que aquele senhor de idade a quem sucedera um episódio desagradável num salão parisiense, repetia, sem dar por isso, algumas das atitudes esquemáticas através das quais a escultura grega dos primeiros tempos estilizava o pavor das ninfas perseguidas pelo deus Pã.

(*ibidem, III*, 820-821)

O senhor de Charlus adquirira o hábito de falar muito alto, quase aos gritos, por nervosismo ou por procurar saídas para emoções de que precisava – nunca tendo cultivado qualquer talento – de se desembaraçar como um aviador das bombas que transporta, estivesse no meio do campo, onde as suas palavras não atingiam ninguém, ou, e sobretudo, em sociedade, onde elas caíam ao acaso e onde era escutado por esnobismo, por ser conhecido e, de tanto tiranizar os ouvintes, poder-se-ia acrescentar por obrigação e por medo. Na rua, essas arengas eram, além do mais, um sinal de desdém pelos transeuntes, que não só o não faziam baixar a voz, como também não o faziam desviar do caminho. Mas o discurso ribombava, produzia espanto, e sobretudo alguns comentários convenciam as pessoas que se voltavam para ouvir de que éramos derrotistas. Fiz esta observação ao senhor de Charlus, mas com isso só consegui provocar-lhe a hilariedade.

(...)

Por alguns momentos, vendo que, à passagem do barão de Charlus, saíam das sombras uns quantos indivíduos suspeitos que se iam agrupando a uma certa distância, fiquei na dúvida sobre o que seria mais agradável para ele: se deixá-lo só, se não o deixar. A mesma coisa quando alguém se depara com um velhote sujeito a frequentes crises epileptiformes, e que vê na incerteza do seu andar a provável iminência de um ataque, e se pergunta se a sua companhia será mais desejada para prestar apoio, ou receada como a de uma testemunha de quem ele desejaria esconder a crise, e cuja presença talvez sirva apenas para a apressar, quando a calma absoluta talvez a pudesse evitar. Porém, a possibilidade do acontecimento, do qual não sabemos se nos devemos afastar ou não, revela-se no doente pelas voltas que dá, como se estivesse embriagado. Mas, no caso do senhor de Charlus, estas posições divergentes, sinal de um possível incidente que me deixava inseguro quanto a ele desejar ou recear a minha presença que podia impedir que o mesmo se produzisse, eram, mediante uma engenhosa encenação, assumidas não pelo próprio barão, que caminhava em linha reta, mas por todo o grupo de figurantes. Apesar do tudo, acreditei que ele preferia evitar o encontro, porque me arrastou para uma rua transversal, menos iluminada que a avenida, mas para onde esta despejava sem parar, a menos que fosse para ela que afluíam, soldados de todas as armas e nações, num influxo jovem, compensador e consolador – para o senhor de Charlus – do refluxo que esvaziara Paris nos primeiros tempos da mobilização.

(*TR*, IV, 378-379)

Contudo, quando se despedira de mim ainda há um instante, apertou-me a mão quase a esmagando, uma característica alemã comum às pessoas do gênero do barão, e continuou a malaxá-la (assim diria Cottard) como se quisesse restituir às minhas articulações a flexibilidade que, de resto, não tinham perdido. No caso de certas pessoas cegas, o tato substitui a visão até um certo ponto. Naquela situação, não sabia que sentido poderia ter. Talvez o senhor de Charlus pensasse que me dava um simples aperto de mão de despedida, como sem dúvida julgaria ver apenas um senegalês que ia passando na sombra e que nem se dignava reparar que estava sendo admirado. Mas o barão estava enganado em ambos os casos, pecando por excesso de contato e de olhares :

– Você não acha que todo o Oriente de Decamps, de Fromentin, de Ingres, de Delacroix vai ali representado? – perguntou-me, ainda impressionado com a visão do senegalês. – Se quer saber, só me interesso pelas coisas e pelas criaturas sob o ponto de vista do pintor ou do filósofo. Bom, além disso, estou velho demais... Para completar o quadro, só é pena que nenhum de nós dois seja uma odalisca!

(*ibidem*, IV, 388)

Efetivamente, o barão não demorou a entrar, movendo-se com dificuldade por causa das feridas a que, porventura, já se teria habituado. Muito embora o seu prazer tivesse chegado ao fim, e fosse àquela casa somente para dar a Maurice o dinheiro que lhe devia, dirigiu um olhar terno e curioso a todos aqueles jovens ali presentes, certamente desejando poder ter o prazer de trocar com cada um deles umas palavras platônicas e amorosamente demoradas. De novo, surpreendi nele, na frivolidade fervilhante manifestada diante daquele harém que quase o intimidava, os velhos gestos de cintura e cabeça, bem como aquela vivacidade do olhar, que me tinham impressionado na primeira noite em que fora a 'La Raspelière', meneios que poderia ter herdado de alguma avó que eu não conhecera, e que no dia-a-dia normal dissimulava com expressões mais viris, mas que, em determinadas circunstâncias, como quando fazia questão de agradar a um meio social inferior ao seu, faziam desabrochar nele o desejo coquete de parecer uma grande dama.

(*ibidem*, IV, 403)

O chapéu de palha deixava a descoberto um emaranhado bravio de cabelos inteiramente brancos, enquanto uma barba igualmente branca – como a neve por vezes forma nas estátuas dos ribeiros e lagos dos jardins públicos – lhe pendia do queixo. Era o senhor de Charlus, convalescente de uma apoplexia, de que eu não tivera conhecimento, acompanhado por Jupien, que se desdobrava em mil cuidados. A mim apenas me tinham dito que o barão perdera a vista, mas que, afinal, tudo não passara de um problema passageiro, visto que voltara a ver perfeitamente. Ora, a menos que até aí os cabelos e a barba fossem pintados, e que posteriormente lhe tivessem proibido esse esforço, conseguira – como numa espécie de precipitado químico – tornar evidente e brilhante o metal de que, como gêiseres, estavam saturadas as mechas de uns e de outra, impondo ao velho príncipe decadente a majestade shakespeariana de um rei Lear. Os olhos também não haviam sido poupados a essa convulsão total, a essa alteração metalúrgica da cabeça, mas, por um fenômeno inverso, tinham perdido todo o brilho. O mais comovente, todavia, é que se sentia que o brilho perdido era a superioridade moral e que, assim sendo, a vida física, e até intelectual, do senhor de Charlus sobrevivia ao orgulho aristocrático perdido que, por momentos, fora indissociável daquela. Quase logo a seguir a ter visto o barão, certamente também se dirigindo para casa do príncipe de Guermantes, passou numa carruagem a senhora de Saint-Euverte, que o senhor de Charlus considerava inferior ao seu nível social. Jupien, que cuidava dele como de uma criança, murmurou-lhe ao ouvido que se tratava de uma pessoa conhecida em sociedade, que era a senhora de Saint-Euverte. Imediatamente, com dificuldade extrema mas com todo o empenho de um doente desejoso de mostrar que é capaz de fazer os movimentos que ainda lhe custam, o senhor de Charlus tirou o chapéu, curvou-se e cumprimentou a senhora de Saint-Euverte com o mesmo respeito se se tratasse da rainha de França. Porventura, haveria no próprio esforço que o barão teve de fazer para a saudar uma razão para que ele o fizesse, sabendo que ganharia mais com uma ação que, sendo dolorosa para uma pessoa enferma, se tornaria duplamente meritória para quem a praticava e duplamente lisonjeira para aquela a quem era dirigida, sendo certo que os doentes, como os reis, exageram nas delicadezas. Talvez, também, houvesse ainda nos movimentos do barão uma certa descoordenação, conseqüência dos danos na medula e no cérebro, que poderia ter exagerado a sua verdadeira intenção. Para mim, via naqueles gestos sobretudo uma espécie de doçura quase física, de um desapego relativamente às realidades da vida, tão intenso em todos aqueles que a morte já abriga à sua sombra. O descobrir das madeixas do cabelo prateado revelava, ainda assim, uma mudança menos profunda do que essa inconsciente humildade mundana que invertia as relações sociais, humilhando diante da senhora de Saint-Euverte, como da última das americanas (que poderia, finalmente, receber as mostras de cortesia do barão, até ali inacessíveis), o esnobismo mais altivo. Porque o barão continuava vivo e continuava a pensar ; a sua inteligência não fora atingida. E mais do que o coro de Sófocles sobre o orgulho humilhado de Édipo, mais do que a própria morte e mais do que todas as orações fúnebres, aquele cumprimento rasgado e humilde do barão à senhora de Saint-Euverte proclamava toda a fragilidade, toda a precaridade do amor pelas grandezas deste mundo e do orgulho humano. O senhor de Charlus que, até àquele momento, se havia escusado a jantar com a senhora de Saint-Euverte, cumprimentava-a agora curvando-se quase até ao chão. Talvez a saudasse desse modo por ignorar o nível social da pessoa que saudava (é bem possível que um ataque possa apagar os artigos do código social como qualquer outra parte da memória), talvez por uma descoordenação de movimentos que transpunha para o plano de uma humildade aparente a incerteza, sem isso altaneira, que ele teria acerca da identidade da senhora que ia passando. Saudou-a, enfim, com a mesma delicadeza das crianças que timidamente, obedecendo ao chamamento da mãe, vêm à sala cumprimentar as pessoas crescidas. E era nisso que ele se tornara : numa criança destituída de orgulho.

Para ela, receber as homenagens do senhor de Charlus era o máximo do esnobismo, como dantes fora para o barão recusar-lhas. Ora este temperamento inacessível e precioso que ele conseguira fazer crer a uma senhora de Saint-Euverte ser essencial a ele próprio, aniquilou-o o senhor de Charlus de um só golpe, pela esforçada timidez, pelo zelo amedrontado com que tirou o chapéu, do qual, com a mesma eloqüência de um Bossuet, jorraram torrentes da sua cabeleira de prata enquanto, por deferência, mantivera a cabeça descoberta. Quando Jupien o ajudou a descer e o cumprimentei, falou-me muito depressa e com uma voz tão imperceptível, que não consegui perceber o que me dizia, o que lhe arrancou, à terceira vez que lhe pedi para repetir, um gesto de impaciência que me espantou por causa da impassibilidade que primeiramente lhe vira no rosto e que, sem dúvida, se devia ainda a sequelas da paralisia. Mas quando, finalmente, me habituei àquele *pianissimo* de palavras sussurradas, apercebi-me que o doente mantinha a inteligência absolutamente intacta.

Havia, de resto, dois senhores de Charlus, sem contar com os outros. Desses dois, o intelectual queixava-se o tempo todo que caminhava para a afasia total, que trocava constantemente palavras e letras. Mas sempre que isso de fato sucedia, o outro senhor de Charlus, o subconsciente, o que tanto queria provocar inveja quanto o outro piedade, o que tinha maneirismos desdenhados pelo primeiro, parava imediatamente, como um maestro cujos músicos se atrapalham, a frase começada e com um engenho infinito encadeava o que vinha a seguir à palavra que realmente pronunciara a uma outra, mas de maneira a parecer que fora por sua escolha. Até a sua memória estava intocada, daí retirando frivolidades, embora a custo de uma aplicação das mais fatigantes e árduas, indo buscar uma recordação antiga, de pouca importância mas que tinha a ver comigo, para me mostrar que conservara, ou recuperara, toda a clareza de espírito. Sem mexer a cabeça nem os olhos, nem variar o discurso com uma única inflexão, disse-me por exemplo : " Ora aqui está um poste com um cartaz igual àquele diante do qual eu estava quando o vi pela primeira vez em Avranches..., não, enganei-me, em Balbec." E o cartaz era, de fato, idêntico.

No princípio, tive dificuldade em entender o que dizia assim como nada conseguimos enxergar quando entramos num quarto com as cortinas corridas. Mas, como os olhos na penumbra, os meus ouvidos depressa se habituaram àquele *pianissimo*. Também me parece que, à medida que o barão falava, a sua voz ia ganhando força gradualmente, seja porque a fraqueza se devesse em parte a um receio nervoso que se dissipava, quando, distraído por terceiros, não pensava mais nisso ; seja, pelo contrário, porque essa fraqueza correspondesse ao seu verdadeiro estado, e que a força momentânea com que falava fosse provocada apenas por uma excitação fictícia, passageira e, sobretudo, funesta – que provocava em pessoas estranhas comentários do tipo "Já está bem melhor, nem há razão para se preocupar com os seus males" – porque, pelo contrário, os agravava. Seja como for, naquele momento o barão (mesmo tendo em conta a minha adaptação) debitava as palavras com uma voz bem mais alta e forte, como as marés, em dias de tempestade, lançam as ondas de roldão na praia. E o que restava do recente ataque, nada mais era que um ruído de fundo que lembrava o produzido pelas vagas nos calhaus rolados. De resto, como continuasse a falar-me do passado, certamente para me provar que não tinha perdido a memória, reparei que o evocava de uma maneira fúnebre mas sem tristeza. Não parava de enumerar todos os membros da sua família e do círculo de amigos mais próximos que tinham morrido, mas, segundo me parecia, sem grande pesar por já não serem deste mundo e mais com satisfação por lhes ter sobrevivido. O relembrar dessas mortes devia avivar-lhe a consciência da sua própria convalescença. E era com uma frieza quase triunfal que repetia, num tom uniforme, levemente gaguejante, e com umas surdas ressonâncias sepulcrais : "Hannibal de Bréauté, morto!, Antoine de Mouchy, morto !, Charles Swann, morto !, Adalbert de Montmorency, morto !, Boson de Talleyrand, morto !, Sosthène de Doudeauville, morto!". E, cada vez que pronunciava a palavra "morto", era como uma pazada de terra mais que caía sobre aqueles defuntos, lançada por um coveiro empenhado em enterrá-los mais profundamente na sepultura.

(*ibidem*, IV, 438-441)

– Palamède foi sempre o retrato da minha sogra – acrescentou a senhora de Guermantes –, mas agora a semelhança é ainda mais impressionante.

Essas parecenças nada tinham de extraordinário. Com efeito, é sabido que, de alguma forma, há mulheres que se projetam num outro ser com a maior exatidão, residindo no sexo a única diferença. Um erro de que não se poderá dizer "*felix culpa*", porque o sexo influencia a personalidade e, num homem, a feminilidade torna-se afetação, a reserva suscetibilidade, etc. Não importa. Ainda que a cara tenha barba e as faces se apresentem congestionadas sob as suíças, há certos traços sobreponíveis a um retrato materno. Todos os velhos Charlus são uma ruína, mas neles reconhecemos com espanto, sob as camadas de cremes e de pó-de-arroz, alguns fragmentos de uma linda mulher em toda sua eterna beleza.

(*ibidem*, IV, 570)

53. ROBERT DE SAINT-LOUP

Numa tarde de muito calor, estava eu na sala de jantar do hotel – deixada na penumbra com os cortinados corridos para a proteger do sol que os amarelecia e cujos interstícios deixavam faiscar as reverberações azuis do mar – quando vi caminhar pela passadeira central, que ia da praia à estrada, um rapaz alto e magro, de olhos penetrantes, de pescoço esguio e cabeça erguida num porte altivo, com uma pele e uns cabelos tão dourados como se tivessem absorvido todos os raios de sol. Andava depressa, usando roupas de um tecido flexível e esbranquiçado que eu nunca imaginaria que um homem se atrevesse a usar, um tecido de uma leveza que me evocava, tanto quanto a frescura da sala de jantar, o calor e o bom tempo lá fora. Os olhos, de um dos quais caía constantemente um monóculo, eram da cor do mar. À sua passagem, todos o olhavam com curiosidade ou não fosse ele o jovem marquês de Saint-Loup-en-Bray, famoso por sua elegância. Não havia jornal que não tivesse feito a descrição da roupa que usara recentemente num duelo, quando fora testemunha do jovem duque d' Uzès. Seria de crer que o tipo tão peculiar dos seus cabelos, dos olhos, da pele e de toda a sua figura, que o distinguiam no meio de uma multidão, como um filão precioso de opala azulada e luminosa incrustado em material grosseiro, correspondesse a uma vida diferente da dos outros homens. E, como conseqüência, quando, antes da ligação amorosa de que a senhora de Villeparisis tanto se queixava, as mais belas mulheres da alta sociedade o disputavam, a sua presença numa praia, por exemplo, ao lado da beldade de renome a quem fazia a corte, não só fazia dela uma verdadeira vedeta, como atraía, tal como ele, todos os olhares.

(*JFF*, II, 88)

Aquela insolência que eu notava em Saint-Loup, e tudo o que ela implicava de dureza natural, era comprovada pela sua atitude sempre que passava por nós, o corpo rigidamente empertigado, a cabeça sempre levantada, o olhar impassível e – posso acrescentar – implacável, totalmente despojado do respeito mínimo que devemos ter pelos outros, mesmo que não conheçam a nossa tia, respeito que fazia com que eu não tivesse exatamente o mesmo comportamento diante de uma senhora idosa e de um candeeiro a gás. A atitude glacial de Saint-Loup estava tão longe daquilo que eu, ainda há uns dias, imaginara, das cartas encantadoras que ele me escreveria falando-me da sua simpatia, como distante estava do entusiasmo da Câmara e do povo, que imaginava exaltar com um discurso inolvidável, a situação medíocre e obscura de uma criatura imaginativa que depois de ter devaneado em voz alta, sozinho, por sua conta e risco, verifica que, mal se extinguem as aclamações imaginárias, continua a ser o mesmo homem insignificante de sempre. Quando a senhora de Villeparisis, sem dúvida tentando apagar a má impressão causada por estes propósitos reveladores de uma natureza orgulhosa e mesquinha, nos elogiava mais uma vez a grande bondade do seu sobrinho-neto (ele era filho de uma de suas sobrinhas e pouco mais velho do que eu), espantava-me como na alta sociedade, com total desprezo pela verdade, se atribuem qualidades de coração àqueles que não as possuem, apesar de serem muito amáveis com as pessoas importantes que fazem parte do seu círculo.

(*ibidem.*, II, 90)

(...) ..., um dia, encontrei a marquesa de Villeparisis e o sobrinho num caminho tão estreito, que a senhora não pôde deixar de me apresentar. Saint-Loup fingiu não ter ouvido que lhe diziam o nome de alguém, e não lhe vi mexer um só músculo do rosto; os olhos, onde não brilhou o menor clarão de simpatia, mostraram simplesmente, pela insensibilidade e pela vacuidade do olhar, uma ausência tão exagerada de tudo que nada os diferenciava de espelhos sem vida. Depois, fixando em mim os olhos duros como se pretendesse avaliar-me, antes de responder ao meu cumprimento, esticou o braço o mais que podia com um gesto brusco que parecia dever-se, sobretudo, a um reflexo muscular e não a um ato voluntário, estabelecendo entre ele e eu a maior distância possível, e deu-me um aperto de mão. Quando, no dia seguinte, me fez chegar o seu cartão, até pensei que se trataria de um desafio para um duelo ! Mas falou-me apenas de literatura e, depois de uma longa conversa, declarou que teria muito prazer em estar comigo algumas horas por dia.

(*ibidem,* II, 90-91)

Evidentemente, a encenação que Robert adotara naquele momento, fingindo que não me conhecia, devia-lhe facilitar muito as coisas. Mas fiquei estupefacto por ele a ter conseguido tão rapidamente, antes que um reflexo revelasse a sua primeira impressão. Já em Balbec tinha reparado que, a par da sinceridade ingênua do seu rosto, cuja pele deixava adivinhar, pela sua transparência, o afluxo repentino de determinadas emoções, o corpo fora admiravelmente treinado pela educação a um certo número de dissimulações de conveniência e que, como um verdadeiro comediante, Robert estava apto a desempenhar papéis diferentes, uns após outros, quer na vida militar, quer na vida mundana. Num desses papéis ele gostava de mim profundamente, tratava-me como um irmão; sim, fora meu irmão e voltara a sê-lo, mas durante um breve instante tinha sido um outro personagem que não me conhecia e que, segurando as rédeas da montada, monóculo no olho, sem um olhar ou um sorriso, se limitara a levar a mão à pala do quepe para me fazer um saudação militar !

(*CG,* II, 474)

Saint-Loup fez-me sinal de longe para que não me levantasse e veio ao meu encontro. Para que ele se pudesse sentar, seria preciso deslocar um pouco a minha mesa ou que eu mudasse de lugar. Mal entrou no salão, subiu com ligeireza para uma das banquetas de veludo carmesim colocadas ao longo da parede, e onde, exceto eu, apenas estavam sentados três ou quatro jovens do Jockey conhecidos de Robert, que não tinham conseguido lugar na sala pequena. Havia fios de eletricidade pendurados até uma certa altura entre as mesas, mas nada que pudesse atrapalhar Saint-Loup, que habilmente os ultrapassou como um cavalo num percurso de obstáculos ; um tanto confuso por tudo aquilo ser exclusivamente por minha causa, para me evitar um movimento, de resto tão simples, sentia-me ao mesmo tempo maravilhado com a segurança com a qual o meu amigo realizava aquele exercício de volteio. E eu não era o único ; porque indubitavelmente, se bem que a cena lhes desagradasse se se tratasse de um cliente menos aristocrático e menos generoso, o patrão e os criados de mesa estavam tão fascinados como se fossem freqüentadores habituais de hipódromos. Um dos criados ficou paralisado, imóvel, com a bandeja na mão que os clientes, mesmo ao lado, aguardavam; e quando Saint-Loup, tendo que passar por detrás dos amigos, subiu para o rebordo do espaldar e avançou em equilíbrio, soaram aplausos discretos do fundo da sala. Finalmente, quando chegou perto de mim, estacou subitamente com a precisão de um chefe diante da tribuna de um soberano e, inclinando-se, estendeu-me com um gesto de cortesia e submissão o casaco de vicunha, que imediatamente, logo que se sentou a meu lado, e sem que eu tivesse de levantar um dedo, me ajeitou em volta dos ombros como uma echarpe leve e quente.

(*CG,* II, 704-705)

Enquanto estive em Tansonville, Saint-Loup aparecia freqüentemente. Era um Robert muito diferente daquele que eu conhecera. Não que os anos o tivessem tornado tão corpulento, tão trôpego, como ao senhor de Charlus; pelo contrário, a vida operara nele uma mudança inversa, dando-lhe a aparência desenvolta de um oficial de cavalaria como nunca tivera, apesar de ter pedido a demissão quando se casou. À medida que o barão de Charlus se tornava obeso, Robert (sem dúvida infinitamente mais novo, embora se sentisse que a idade apenas o aproximaria mais desse modelo, da mesma forma que certas mulheres sacrificam sem hesitação o rosto ao corpo, e que, a partir de uma certa idade, já não saem das termas de Marienbad, porque, perante a impossibilidade de conservarem várias juventudes em simultâneo, optam pela da silhueta, porventura a que melhor representará todas as outras) tornara-se mais ágil, mais rápido, efeito contrário de um mesmo vício. Essa desenvoltura tinha, de resto, diversas razões psicológicas, como o receio de ser visto e o desejo de não demonstrar esse mesmo receio, o estado febril que brota do descontentamento de si mesmo e da neurastenia. Adquirira o hábito de freqüentar determinados locais mal afamados, onde – como não queria que o vissem entrar ou sair – quase desaparecia dos olhares malévolos de eventuais transeuntes, apagando-se o mais que podia como quando se lança um assalto. E essa maneira de andar apressada, como uma rajada de vento, acabara por lhe ficar. Talvez ela esquematizasse igualmente a aparente intrepidez de alguém que quer mostrar que não tem medo e que não quer perder tempo a pensar. A completar, seria preciso contar também com o desejo de Robert de parecer jovem quanto mais envelhecia, e até com a impaciência desses homens sempre enfadados, sempre indiferentes a tudo, pessoas demasiado inteligentes para a vida que levam, relativamente ociosa, onde as suas faculdades não se realizam. Sem dúvida, a ociosidade de tais pessoas se pode traduzir em indolência. Mas, sobretudo após o apreço de que gozam os exercícios físicos, até a ociosidade assumiu um jeito esportivo, mesmo fora das horas da prática do desporto, que se revela numa vivacidade frenética – e já não numa indolência – que crê não deixar tempo ou espaço para que o tédio se desenvolva.

(*TR*, IV, 276-277)

Tendo-se tornado – pelo menos durante esta fase lamentável – muito mais seco, Robert já quase não dava mostras de sensibilidade para com os amigos, como eu, por exemplo. Mas, em contrapartida, tinha com Gilberte atitudes de pieguice chegando às raias da comédia, que desagradavam. Não é que, na verdade, Gilberte lhe fosse indiferente. Não, Robert amava-a, mas mentia-lhe constantemente; o seu espírito dúplice, se não o próprio conteúdo das mentiras, era incessantemente descoberto. Então, ele acreditava que a única maneira de se sair airosamente era exagerando em proporções ridículas a verdadeira tristeza que sentia por fazer sofrer Gilberte. Chegava a Tansonville forçado – dizia ele – a voltar a partir no dia seguinte por causa de uns negócios com um certo senhor da região que era suposto esperá-lo em

Paris, o qual, tendo sido visto perto de Combray nessa noite, punha involuntariamente a mentira a descoberto – acerca da qual Robert se esquecera de o pôr ao corrente – dizendo que tinha vindo para descansar durante um mês e que tão depressa não tencionava voltar a Paris. Robert enrubescia, via o sorriso melancólico e orgulhoso de Gilberte, desembaraçava-se do autor da *gaffe* insultando-o, voltava para casa antes da mulher, fazia-lhe chegar uma mensagem desesperada onde confessava que mentira para não a magoar, para que, vendo-o partir de novo por motivos que não lhe podia dizer, ela não pensasse que ele não a amava (e tudo isto, se bem que ele o escrevesse como uma mentira, acabava por ser verdade); depois, perguntava se podia subir ao seu quarto e, uma vez lá, em parte por autêntica tristeza, em parte por enervamento com aquela vida, em parte por simulação a cada dia mais audaciosa, soluçava, inundava-se com água fria, falava da morte próxima e, por vezes, caía no chão como se se sentisse mal. Gilberte, não sabendo até que ponto devia acreditar em Robert, supunha que ele lhe mentia em cada caso particular, mas que, de uma maneira geral, era amada, e ficava preocupada com aquele pressentimento da morte próxima, pensando que ele poderia sofrer de alguma doença que ela desconhecia e, por isso, não se atrevia a contrariá-lo e a pedir-lhe que renunciasse às suas idas e vindas.

De resto, eu percebia cada vez menos as razões que o levavam a insistir para que Morel fosse recebido como um filho da casa, com Bergotte, onde quer que os Saint-Loup se encontrassem, em Paris ou em Tansonville. Morel imitava Bergotte às mil maravilhas. Ao fim de um certo tempo, nem sequer era preciso pedir-lhe que o imitasse. Tal como os histéricos que já não necessitam de ser postos a dormir para se transformarem nesta ou naquela personagem, ele próprio encarnava de imediato a personagem.

(*ibidem*, IV, 277-278)

Aliás, tive ocasião – e aqui antecipo-me um pouco, dado que estou ainda em Tansonville – de o ver uma vez numa recepção, e de longe, onde a sua conversação, apesar de tudo viva e encantadora, me permitia reencontrar o passado; impressionou-me o quanto ele havia mudado. Parecia-se cada vez mais com a mãe; o porte esbelto e altivo que herdara dela, e que nela era perfeito, excedia-se em Robert, cristalizava-se, graças a uma educação completa, esmeradíssima; a perspicácia do olhar, própria dos Guermantes, dava-lhe o ar de inspecionar todos os lugares por onde passava, mas de uma forma quase inconsciente, como que por uma espécie de hábito ou de característica animal. Mesmo imóvel, a cor que era a sua mais do que de todos os Guermantes, só por ser a luminosidade do sol de um dia dourado tornada sólida, como uma plumagem peculiar, fazia dele uma espécie tão rara, tão preciosa, que se gostaria de possuir numa coleção ornitológica; mas quando, além disso, essa luz transformada em pássaro se punha em movimento, em ação, quando, por exemplo, via Robert de Saint-Loup entrar numa festa onde eu estava – com aqueles meneios de cabeça, como uma poupa cuidada e altaneira, sob a *aigrette* de ouro dos seus cabelos já um pouco escassos, com movimentos do pescoço de tal forma mais flexíveis, mais altivos e mais coquetes que os dos seres humanos – perante a curiosidade meio mundana, meio zoológica que ele despertava, interrogávamo-nos se estaríamos no *faubourg* Saint-Germain ou no Jardim Botânico , se estaríamos a ver um membro da aristocracia atravessando um salão ou uma ave deambulando na sua gaiola. Todo este regresso à elegância volátil dos Guermantes de bico pontiagudo e olhos penetrantes era, aliás, usado pelo seu novo vício que se servia dele para aparentar contenção. E quanto mais recorria a isso, mais parecia o que Balzac chama de 'tia'. Mesmo sem um grande esforço de imaginação, a chilreada não se prestava menos a esta interpretação que a plumagem. Começava a debitar frases que considerava ao estilo "*grand siècle*", imitando assim as maneiras de Guermantes. Todavia, um pequeno nada indefinível transformava-as nas maneiras do senhor de Charlus. "Deixo-te por uns instantes", disse-me ele naquela noite em que a senhora de Marsantes estava um pouco afastada. "Vou cortejar um pouco minha mãe".

(*ibidem*, IV, 281-282)

É possível que Morel, sendo moreníssimo, fosse necessário a Saint-Loup como a sombra o é em relação ao Sol. É fácil imaginar, numa família tão antiga, um aristocrata louro dourado, inteligente, dotado de todos os prestígios, escondendo no "fundo do porão" um gosto secreto, e ignorado de todos, por negros.

(*ibidem*, IV, 283)

Contudo, alguma coisa me chamou a atenção e não foi o rosto, que não consegui ver, nem o uniforme oculto por um amplo capote, mas sim a extraordinária desproporção entre o número de pontos diferentes por onde o seu corpo passou e o reduzido número de segundos durante os quais aquela saída se produziu, saída que mais parecia a fuga tentada por um sitiado. De sorte que, se não o reconheci formalmente, lembrei-me – nem falo da figura, nem da elegância, nem do andar, nem da rapidez de Saint-Loup – daquela espécie de ubiqüidade que lhe era tão peculiar. O militar capaz de ocupar em tão pouco tempo tantas posições diferentes no espaço tinha desaparecido, sem me ver, numa rua transversal, e fiquei hesitante sem saber se devia, ou não, entrar naquela moradia, cuja aparência modesta me suscitava fortes dúvidas de que tivesse sido Saint-Loup a sair de lá.

(*ibidem*, IV, 389)

54. MOREL

Vi o senhor de Charlus entrar na carruagem onde se encontrava Charlie com outros militares seus amigos, e ser recebido com um encolher de ombros do músico, acompanhado de uma piscadela de olho aos camaradas. Ou, então, fingia que estava a dormir, como se a chegada do barão fosse a maior das contrariedades. Ou começava a tossir; os outros riam e, para se divertirem, imitavam a maneira de falar efeminada dos homens como o senhor de Charlus; arrastavam Morel para um canto e este acabava por voltar, como que por obrigação, para junto do senhor de Charlus, cujo coração ficava destroçado com todas aquelas atitudes. É inconcebível que as tenha suportado; e as formas sempre diferentes de sofrimento voltavam a colocar-lhe a questão da felicidade, forçando-o não só a pedir mais, mas a desejar outra coisa, dado que a situação precedente estava viciada por uma lembrança horrível. E, todavia, por muito penosas que fossem as cenas seguintes, é preciso reconhecer que, nos primeiros tempos, o génio do homem do povo de França que se manifestava em Morel lhe conferia manei ras encantadoras na sua simplicidade, uma aparente sinceridade e até uma certa independência altiva que parecia inspirada no desinteresse. Tudo isso era falso, mas a situação era tanto mais vantajosa e favorável a Morel, quanto é sabido que, enquanto aquele que ama se vê sempre forçado a voltar à carga e a 'subir a oferta', pelo contrário, para quem não ama é fácil seguir uma linha reta, inflexível e airosa. Ela existia, pelo privilégio da raça, no rosto tão aberto desse Morel de coração tão fechado, um rosto dotado da graça neo-helênica que floresce nas basílicas da região de Champagne. Apesar do seu falso orgulho, era freqüente, quando o senhor de Charlus lhe aparecia sem ele esperar, ficar constrangido diante do grupinho de amigos, corar, baixar os olhos, o que encantava o barão, vendo nisso provas de um verdadeiro romance. Na verdade, eram sinais de irritação e de vergonha. Por vezes, a primeira tornava-se explícita, porque, por mais calma e decente que fosse a atitude de Morel habitualmente, também se contradizia com freqüência. Em outras ocasiões, a propósito de uma coisa qualquer que o barão lhe dizia, Morel explodia numa resposta dura e insolente, que chocava toda a gente.

(*SG,* III, 447-448)

Aqueles cinco minutos duraram uma hora, após o que Noémie acompanhou pé ante pé o senhor de Charlus, estourando de fúria, e Jupien, desolado, até uma porta entreaberta, dizendo: "Os senhores vão ver com os próprios olhos. Mas neste momento nem sequer é muito interessante, ele está com três senhoras falando da vida no regimento." Finalmente o barão pôde ver pela abertura da porta e pelos espelhos. Mas um terror mortal obrigou-o a apoiar-se na parede. Era realmente Morel que estava ali, diante dele, mas, como se os mistérios pagãos e os feitiços existissem ainda, era principalmente a sombra de Morel, Morel embalsamado, nem sequer Morel ressuscitado como Lázaro, uma aparição de Morel, um fantasma de Morel, Morel regressado ou evocado naquele quarto (onde as paredes e os divãs reproduziam por toda a parte símbolos de feitiçaria), que estava a alguns metros dele, de perfil. Como sucede depois da morte, Morel tinha perdido as cores ; lívido, entre aquelas mulheres com quem seria de esperar que se estivesse a divertir alegremente, parecia petrificado numa imobilidade artificial; para beber a taça de *champagne* que tinha à sua frente, tentava lentamente estender o braço sem forças, que voltava a cair. Fazia lembrar aquele equívoco que faz com que uma religião fale de imortalidade, querendo significar com isso algo que não exclui o nada. As mulheres pressionavam-no com perguntas. "Como vê, elas falam-lhe da vida do regimento – disse Noémie ao barão. – É divertido, não acha?". E riu-se. "Fica mais satisfeito, não é verdade? Ele está muito tranqüilo", acrescentou ela como se falasse de um moribundo. As perguntas das mulheres sucediam-se, mas Morel, desfalecido, não tinha forças para responder. Nem sequer se produzia o milagre de uma palavra murmurada. O senhor de Charlus hesitou apenas uns instantes, percebeu a verdade. Percebeu que – ou por falta de jeito de Jupien a combinar as coisas, ou pelo poder expansivo dos segredos confiados mas que não se guardam, ou pela maneira de ser indiscreta daquelas mulheres, ou por medo da polícia – Morel tinha sido avisado de que dois senhores tinham pago uma boa quantia para o verem, que o príncipe de Guermantes fora metamorfoseado em três mulheres e que o pobre Morel fora ali colocado, tremelicando, paralisado de espanto, de tal modo que, enquanto o senhor de Charlus o via mal, ele, aterrorizado e sem palavras, não ousando pegar na taça com medo de a deixar cair, via perfeitamente o barão.

No final, a história não acabou melhor para o príncipe de Guermantes. Quando o fizeram sair para não ser visto pelo senhor de Charlus, furioso com o fracasso e sem suspeitar quem teria sido o autor de tudo aquilo, tinha suplicado a Morel, continuando a ocultar-lhe a sua identidade, para se encontrar com ele na noite seguinte, numa pequena *villa* que alugara e que, apesar do pouco tempo que aí iria ficar, tinha decorado – seguindo a mesma mania que dantes notávamos na senhora de Villeparisis – com uma quantidade de recordações de família para se sentir mais em casa. Portanto, na noite seguinte, Morel, virando a cabeça de minuto a minuto com receio de ser seguido ou espiado pelo senhor de Charlus, acabara por entrar na *villa*, já que não notara nenhum transeunte suspeito. Um criado conduziu-o ao salão, dizendo-lhe que ia prevenir o Senhor (o patrão recomendara-lhe que não pronunciasse o título de príncipe para não levantar suspeitas). Porém, quando ficou só, Morel quis verificar no espelho se a madeixa do cabelo não estava desarranjada. Foi como se tivesse uma alucinação! As fotografias que se encontravam dispostas sobre a lareira – da princesa de Guermantes, da duquesa de Luxemburgo, da senhora de Villeparisis – foram imediatamente reconhecidas pelo músico, que já as vira em casa do senhor de Charlus. Logo, ficou petrificado de pavor. Depois, viu a do senhor de Charlus que estava um pouco mais para trás. O barão parecia que imobilizava sobre Morel um olhar fixo, estranho. Recuperando do espanto inicial, louco de terror, Morel, sem quaisquer dúvidas de que se tratava de uma cilada montada pelo senhor de Charlus para pôr à prova a sua fidelidade, desceu os degraus da moradia a quatro e quatro e correu a bom correr rua afora ; quando o príncipe de Guermantes (depois de dar a impressão de fazer esperar um conhecido de passagem o tempo conveniente, não sem antes se ter interrogado se aquilo seria prudente e se o indivíduo não seria perigoso) entrou no salão, já lá não encontrou ninguém. Por mais que revistasse, com o criado e de revólver em punho, temendo um assalto, a casa toda, que não era grande, os recantos do jardinzinho e a cave, a companhia – que tinha como certa – desaparecera. Voltou a encontrá-lo várias vezes no decurso da semana seguinte. E de cada vez era Morel, o tal indivíduo perigoso, quem lhe fugia como se o príncipe o fosse ainda mais. Obstinado nas suas suspeitas, Morel nunca as dissipou e, até em Paris, a simples visão do príncipe de Guermantes era suficiente para o pôr em fuga. À conta disto, o senhor de Charlus não só foi poupado a uma infidelidade que o desesperava, como também vingado, sem que jamais o pudesse imaginar nem, sobretudo, de que maneira.

(*ibidem*, III, 466-468)

55. CLIENTES E PROSTITUTOS DO BORDEL DE JUPIEN

Tinham-se reunido numa mesma sala vários homens que não tinham querido fugir. Eles não se conheciam entre si, mas via-se que pertenciam mais ou menos ao mesmo mundo, rico e aristocrático. O aspecto de cada um tinha qualquer coisa de repugnante, que devia ser a não-resistência a prazeres degradantes. Um, enorme, tinha o rosto coberto de manchas vermelhas como um bêbado. Soube que a princípio não o era e limitava-se a tirar o seu prazer em fazer beber os jovens. Mas aterrorrizado com a idéia de ser convocado (apesar de parecer ter ultrapassado os cinqüenta anos), como era muito gordo, começou a beber sem parar para tentar ultrapassar o peso de cem quilos, a partir do qual se era dispensado. E agora, tendo-se este cálculo transformado em paixão, onde quer que o deixassem, se o seguissem, iriam encontrá-lo numa loja de vinhos. Mas desde que começou a falar, vi que apesar de medíocre de inteligência era um homem de bastante saber, educação e cultura. Entrou também um outro homem da alta sociedade, este muito novo e de uma extrema distinção física. Neste, a bem dizer, não existiam ainda estigmas externos de um vício, mas sim, o que era mais perturbador, internos. Muito alto, de um rosto encantador, a são elocução revelava uma maior inteligência que a do seu vizinho alcoólico e, sem exagerar, verdadeiramente notável. Mas a tudo o que dizia acrescentava uma expressão que melhor convinha a uma frase diferente. Como se, apesar de possuir o tesouro completo das expressões do rosto humano, vivesse noutro mundo, manifestava estas expressões na ordem que não devia, parecia desfolhar ao acaso os sorrisos e olhares sem relação com as frases que ouvia. Espero bem por ele se, como é certo, ainda vive, que fosse a vítima não de uma doença duradoura, mas de uma intoxicação passageira. Mas algum vício, e o maior de todos, a falta de vontade que impede de resistir a cada um, os reunia ali, em quartos isolados, é certo, mas todas as noites, de modo que o nome deles era conhecido pelas mulheres da sociedade, que tinham pouco a pouco perdido de vista o seu rosto e não tinham mais a ocasião de receber a sua visita.

(*TR*, IV, 414)

Vi entrar o homem do matadouro, que parecia um pouco com Maurice mas, coisa mais curiosa, ambos tinham qualquer coisa de um tipo que pessoalmente não tinha distinguido, mas que constatei existir na figura de Morel, tinham uma certa semelhança se não com o Morel tal como o tinha visto, mas ao menos com um certo rosto que outros olhos vendo Morel diferentemente do que eu, tivessem podido compor com os seus traços. Desde que fiz inteiramente, com os traços emprestados às minhas lembranças de Morel, este modelo do que ela podia ter representado para um outro, constatei que estes dois jovens, dos quais um era um empregado de joalheria e o outro um empregado de hotel, eram vagos sucedâneos de Morel. Dever-se ia daí concluir que o Senhor de Charlus, ao menos numa certa forma dos seus amores, era sempre fiel a um mesmo tipo e que o desejo que o tinha feito escolher um após o outro estes dois jovens era o mesmo que o tinha feito parar Morel no cais da gare de Doncières; que os três pareciam um pouco o efebo cuja forma, inscrustrada na safira que eram os olhos do Senhor de Charlus, dava ao seu olhar essa qualquer coisa de particular que me tinha assustado no primeiro dia em Balbec? Ou que o seu amor por Morel, tendo modificado o tipo que procurava, para se consolar da sua ausência, procurava homens que se lhe parecessem? Uma suposição que fiz também foi que talvez só tivessem existido entre ele e Morel, apesar das aparências, relações de amizade e que o Senhor de Charlus fazia vir no bordel de Jupien jovens que se parecessem suficientemente com Morel para que pudesse ter com eles a ilusão de ter prazer com ele.

(*TR,* IV, 396-397)

VIII

GOMORRA

56. ALBERTINE

Olhava as faces de Albertine enquanto ela me falava e perguntava-me que perfume, que sabor poderiam ter: aquele dia ela estava não fresca, mas lisa, de um rosa homogêneo, violáceo, cremoso, como certas rosas que têm um verniz de cera. Estava apaixonado por elas como o estamos por vezes por uma espécie de flores.

(*JFF*, II, 242)

Acontecia assim a Albertine como às suas amigas. Certos dias, esguia, a tez cinza, o ar enfadado, com uma transparência violeta descendo obliquamente dos seus olhos como sucede por vezes com o mar, ela parecia sentir uma tristeza de exilada. Outros dias, o seu rosto mais liso absorvia os desejos na sua superfície polida e os impedia de extravazá-lo, a menos que eu não a visse de repente de perfil, porque as suas faces mate como uma cera branca à superfície eram rosa por transparência, o que suscitava tanto desejo de as beijar, de atingir esta tonalidade diferente e fugitiva. Outras vezes a felicidade banhava as suas faces de uma claridade tão móvel que a pele, tornada fluida e vaga, deixava passar, como os olhares subjacentes que a faziam parecer de outra cor, mas não de outra matéria que a dos seus olhos; algumas vezes quando se olhava o seu rosto pontilhado de pequenos pontos escuros onde flutuavam somente duas manchas mais azuis, era como se se tratasse de um ovo de pintassilgo, freqüentemente como de uma ágata opalina trabalhada e polida apenas em dois lugares, onde, no meio da pedra castanha, luziam como as asas transparentes de uma borboleta de azur, os olhos onde a carne se torna espelho e nos dá a ilusão de nos deixar aproximar da alma, mais do que as outras partes do corpo. Mas mais freqüentemente era mais colorida, e então mais animada; algumas vezes, no seu rosto branco, só era rosa a ponta do seu nariz, fino como o de uma gata sorrateira com a qual tivéssemos vontade de brincar: algumas vezes as suas faces estavam tão lisas que o olhar deslizava como sobre uma miniatura de esmalte rosa que fazia ainda parecer mais delicada, mais interior, a cobertura entreaberta e sobreposta dos seus cabelos pretos; sucedia que o violáceo tom das suas faces atingia o rosa violáceo do ciclamen e por vezes mesmo, quando estava congestionada e febril, dava então a idéia de um compleição doentia, que rebaixava o meu desejo a qualquer coisa de mais sensual e fazia exprimir ao seu olhar qualquer coisa de mais perverso e malsão, a púrpura escura de certas rosas de um vermelho quase negro; e cada uma destas Albertine era diferente, como é diferente cada uma das aparições da dançarina em que se transmutaram as cores, a forma, o caráter, segundo os jogos inumeravelmente variados de um projetor luminoso.

(*JFF,* II, 298)

Da mesma forma que dos seus membros, Albertine tinha uma consciência direta de seu chapéu de palha de Itália e da echarpe de seda (que não eram para ela a fonte de menos importantes sensações de bem estar) e recebiam deles, enquanto dava a volta à Igreja, um outro gênero de impulsão, traduzida por um contentamento inerte mas que eu achava gracioso: echarpe e chapéu que eram apenas uma parte adventícia da minha amiga, mas que me era já querida, e de que eu seguia pelos olhos o sulco, ao longo do cipreste, no ar da noite. Ela própria não podia vê-lo, mas estava convicta que estas elegâncias lhe ficavam bem, porque me sorria enquanto harmonizava o porte de sua cabeça com o toucado que a completava.

(*SG,* III, 402)

Albertine volta para perto de mim; tinha-se despido, colocando um dos bonitos roupões de crepe da China, ou vestidos japoneses de que eu tinha pedido a descrição à Senhora de Guermantes e para vários das quais certos detalhes suplementares me tinham sido fornecidos pela Senhora Swann, numa carta começando por estas palavras: "Depois do meu longo eclipse, ao ler a sua carta referente a um dos meus *tea gowns*, julguei receber notícias de um fantasma". Albertine tinha nos pés sapatos pretos ornados de brilhantes, que Françoise designava raivosamente por tamancos, parecidos com os que, pela janela do salão, tinha visto que a Senhora de Guermantes usava em sua casa, e mais tarde Albertine teve chinelas, algumas em pele de cabrito dourado, outras em chinchila, e cuja vista me era doce porque umas e outras eram sinais de que ela habitava comigo. Ela possuía também coisas que eu não lhe tinha dado, como um belo anel de ouro. Admirava nele as asas abertas de uma águia. "Foi a minha tia que o deu, disse-me. Apesar de tudo ela é, por vezes, gentil. Isto me envelhece, porque mo deu pelos meus vinte anos".

(*P*, III, 571)

Passei noites encantadoras a falar, a jogar com Albertine, mas nunca tão doces do que quando eu a olhava a dormir. Tinha ela, conversando, jogando às cartas, o natural que uma atriz não podia imitar, um natural mais profundo, um natural de segundo grau que me oferecia o seu sono. A sua cabeleira descida do longo do seu rosto cor-de-rosa estava colocada ao lado dela na cama e por vezes uma mecha isolada e direita dava o mesmo efeito de perspectiva que aquelas árvores lunares delgadas e pálidas que avistamos bem ao fundo dos quadros rafaelescos de Elstir. Se os lábios de Albertine estavam fechados, do modo como me situava, por outro lado, as suas pálpebras pareciam tão pouco juntas que me poderia perguntar se ela dormia de verdade. Seja como for, estas pálpebras abaixadas davam ao seu rosto uma continuidade perfeita que os olhos não interrompiam. Existem pessoas cuja face ganha uma beleza e uma majestade fora do costume pelo fato de não terem mais olhar. Media com os meus olhos Albertine estendida aos meus pés. Por instantes ela era percorrida por uma agitação ligeira e inexplicável, como as folhas que uma brisa inesperada agita, durante certos instantes. Ela tocava na sua cabeleira, mas não o tendo feito como queria, levava de novo a mão por movimentos tão seguidos, tão voluntários, que eu estava convencido que ela ia despertar. Ao contrário, ela voltava à calma no sono que não abandonava. Ela ficava então imóvel. Tinha colocado a mão no seu peito num abandono do braço tão ingenuamente pueril que eu me via obrigado a abafar o sorriso que, pelo seu ar sério, pela sua inocência e pela sua força nos dão as crianças. Eu que conhecia várias Albertines numa só, parecia-me ver muitas outras ainda repousar perto de mim. As suas sobrancelhas arqueadas como nunca as tinha visto envolviam os globos das suas pálpebras como um doce ninho de alcíone. Raças, atavismos e vícios repousavam no seu rosto. Cada vez que movia a cabeça criava uma nova mulher, por vezes insuspeitada por mim. Parecia-me possuir, não uma mas várias raparigas. A sua respiração pouco a pouco mais profunda agora levantava regularmente o seu peito e, por cima dela, as suas mãos cruzadas, as suas pérolas, deslocadas de uma maneira diferente pelo mesmo movimento, como esses barcos, essas cadeias de amarra que o movimento das vagas faz oscilar (...).

(*ibidem*, III, 579-580)

Quando Albertine voltou ao meu quarto, tinha um vestido de seda preto que contribuía para torná-la mais pálida, para fazer dela a parisiense pálida, ardente, estiolada pela falta de ar, a atmosfera das multidões e talvez o hábito do vício e cujos olhos pareciam mais inquietos porque não alegrados pelo vermelho das faces.

(*P*, III, 609)

Paramos numa grande confeitaria situada quase fora da vila e que gozava então de uma certa voga. Uma senhora que ia sair pediu as suas coisas à doceira. E uma vez que esta senhora partiu, Albertine olhou várias vezes para a doceira como se quisesse chamar a atenção desta, que arrumava as xícaras, os pratos, os bolos, porque já era tarde. Só se aproximava de mim se lhe pedia alguma coisa.

Acontencia então que, como a doceira, de resto muito alta, estava de pé para nos servir e Albertine sentada ao meu lado, cada vez que

Albertine, para tentar chamar a atenção da doceira, levantava verticalmente na sua direção um olhar claro que fazia subir tanto mais alto a pupila que, como a doceira, estando precisamente junto a nós, Albertine não tinha o recurso de suavizar a inclinação pela obliqüidade do olhar. Ela era obrigada a levantar demasiado a cabeça, a fazer subir os seus olhares até à altura desmesurada onde estavam os olhos da doceira. Por gentileza para comigo, Albertine baixou vivamente os seus olhares e, como a doceira não lhe prestasse qualquer atenção, recomeçava. Isto fazia uma série de vãs elevações implorantes para uma divindade inacessível. Depois a doceira teve que se instalar numa grande mesa vizinha. Para lá bastava que o olhar de Albertine fosse lateral. Mas nenhuma vez o olhar da doceira se pousou no da minha amiga. Isso não me surpreendia, porque sabia que essa mulher que eu conhecia um pouco tinha amantes, apesar de casada, mas guardava perfeitamente as suas intrigas, o que me espantava enormemente por causa de sua prodigiosa estupidez.

(*ibidem*, III, 907-908)

57. ANDRÉE

Esta vez encontramos quase imediatamente a grande, Andrée, a que tinha saltado por cima do primeiro presidente; Albertine teve de me apresentar. A sua amiga tinha olhos extraordinariamente claros, como sucede num apartamento à sombra a entrada, pela porta aberta, de um quarto para o qual dão o sol e o reflexo esverdeado do mar iluminado.

(*JFF*, II, 237)

Em Andrée, por exemplo, a finura dos olhos doces parecia juntar-se ao nariz afilado, tão estreito como uma simples curva que tivesse sido traçada para que a intenção de finura – anteriormente captada no duplo sorriso dos olhares gêmeos – pudesse ter continuidade numa única linha. Uma linha igualmente fina desenhava-se em seus cabelos, tão flexível e profunda como as linhas que o vento cava na areia. Devia ser hereditário, já que os cabelos inteiramente brancos da mãe de Andrée tinham um aspecto semelhante, formando aqui uma saliência e acolá uma depressão, como a neve que se eleva ou se afunda consoante as irregularidades do terreno.

(*ibidem,* II, 297)

58. *MADEMOISELLE* VINTEUIL

A sua única paixão (do Senhor Vinteuil) era pela sua filha e esta, que tinha o ar de um rapaz, parecia tão robusta que não podíamos deixar de sorrir vendo as precauções que o seu pai tomava para com ela, tendo sempre xales suplementares para lhe colocar nas costas. A minha avó observava a expressão doce, delicada, quase tímida que passava frqüentemente nos olhares dessa criança tão rude, cuja cara estava semeada de sardas. Quando acabava de pronunciar uma palavra, ela compreendia-a com o espírito daqueles a quem a tinha dito, alarmava-se pelos possíveis mal-entendidos e via-se iluminar, se recortar como que por transparência, sob a figura masculinizada do "bom diabo", os traços mais finos de uma menina chorosa.

(*CCS*, I, 112)

Este livro foi diagramado utilizando as fontes GoudyOlSt BT e Times New Roman e impresso pela **Editora Gráfica Rondon Ltda.**, em papel offset 90 g, no quarto trimestre de 2008.